• 과학 교과서 관련 •

3학년 1학기
1. 우리 생활과 물질

5학년 1학기
4. 용해와 용액

6학년 1학기
4. 여러 가지 기체

글 서지원

한양대학교를 졸업하고 《문학과 비평》에 소설로 퉁단해, 지식과 교양을 유쾌한 입담과 기발한 상상력으로 전하는 이야기꾼입니다. 지식 탐구 능력과 창의적인 문제 해결 능력을 스토리텔링으로 풀어낸 책 250여종 중에서 중국, 대만 등에 수십 종의 책이 수출되었고, 서울시 올해의 책, 원주시 올해의 책, 문화체육관광부와 한국도서관협회가 뽑은 우수문학도서 등에 선정되었습니다. 2009 개정 초등 국정 교과서와 고등 모델 교과서를 집필했고, 초등학교 4 학년 2학기 국어 교과서에 동화가 수록되었습니다.
쓴 책으로는 《빨간 내복의 초능력자 (시즌 1) 1~5》 《마지막 수학전사 1~5》
《몹시도 수상쩍은 과학교실 1, 2, 3》 등이 있습니다.

그림 이진아

'십만원영화제'의 포스터 디자인을 시작으로 여성영화제, 인디다큐페스티발, 인디애니페스트 등 다양한 문화제와 영화제의 포스터를 그렸습니다. 그 밖에도 프리랜서 일러스트레이터로 다양한 작업을 하고 있습니다.
그린 책으로는 《생각이 크는 인문학》 시리즈, 《그릉 그릉 그릉》, 《나쁜 고양이는 없다》, 《빨간내복의 초능력자》, 《산이 부른다 1, 2》 등이 있습니다. 작가의 인스타를 방문하시면 더 다양하고 재미있는 일상툰을 만나보실 수 있습니다.
www.instagram.com/altodito

감수 와이즈만 영재교육연구소

창의 영재수학과 창의 영재과학 교재 및 프로그램을 개발했습니다. 구성주의 이론에 입각한 교수학습 이론과 창의성 이론 및 선진 교육 이론 연구 등에도 전념하고 있습니다. 국내 최고의 사설 영재교육 기관인 와이즈만 영재교육에 교육 콘텐츠를 제공하고 교사 교육을 담당하고 있습니다.

빨간 내복의 초능력자

와이즈만 과학동화

빨간 내복의 초능력자
❸ 냄새의 비밀을 밝혀내다!

1판 1쇄 발행 2013년 6월 25일
1판 13쇄 발행 2024년 4월 24일

서지원 글 | 이진아 그림 | 와이즈만 영재교육연구소 감수

발행처 와이즈만 BOOKs
발행인 염만숙
출판사업본부장 김현정
편집 원선희 양다운 이지웅
디자인 윤현이
마케팅 강윤현 백미영 장하라

출판등록 1998년 7월 23일 제 1998-000170
제조국 대한민국
사용 연령 8세 이상
주소 서울특별시 서초구 남부순환로 2219 나노빌딩 5층
전화 마케팅 02-2033-8987 편집 02-2033-8928
팩스 02-3474-1411
전자우편 books@askwhy.co.kr
홈페이지 mindalive.co.kr

저작권자 ⓒ 2013 서지원 이진아
이 책의 저작권은 서지원 이진아에게 있습니다.
저자와 출판사의 허락 없이 내용의 일부를 인용하거나 발췌하는 것을 금합니다.

* 와이즈만 BOOKs는 (주)창의와탐구의 출판 브랜드입니다.
* 잘못된 책은 구입처에서 바꿔 드립니다.

빨간 내복의 초능력자

③ 냄새의 비밀을 밝혀내다!

서지원 글 | 이진아 그림
와이즈만영재교육연구소 감수

차례

작가의 말 _6

열 번째 사건
초능력자 VS 연금술사 _9

초능력자의 과학일기 화장실에 오래 있으면 왜 화장실 냄새가 안 날까? _46
초능력자의 과학일기 화학자와 연금술사는 정말 황금을 만들었을까? _48

열한 번째 사건
'달걀'의 초능력을 알게 되다! _51

초능력자의 과학일기 세상은 어떤 것으로 만들어졌을까? _86
초능력자의 과학일기 원자는 어떻게 물질이 될까? _87

| 열두 번째 사건 | '열'의 비밀을 깨닫다! _89 |

초능력자의 과학일기 물은 어떻게 모양을 바꾸는 걸까? _122
초능력자의 과학일기 냉장고 없이 시원한 음료수를 마시는 방법은? _124
초능력자의 과학일기 물은 왜 고체일 때 부피가 커질까? _126

| 열세 번째 사건 | 은행 강도로 변한 빨간 내복 _129 |

작가의 말

창의 융합형 과학 인재로 성장하세요!

여러분은 혹시 과학 시간에 선생님에게 이런 질문을 던지고 싶지 않은가요?

"전기가 어떤 물질을 통과하는 건 왜 배우는 건가요? 저는 이런 지식이 왜 필요한지 모르겠어요."

이 질문은 이 책의 주인공인 나유식이 던진 질문입니다. 선생님을 엄청나게 화나게 한 질문이지만, 나유식의 질문이야말로 우리 교육에 꼭 필요한 부분을 지적하고 있어요. 과학은 그저 딱딱하고 비현실적이며 지식을 외우는 과목이 아니거든요.

이 책에서 나유식은 계속 호기심을 던져요. 화장실에 오래 있으면 왜 냄새가 안 나는지, 물은 어떻게 모양을 바꾸는지 등을 궁금해해요. 그러면서 그 속에 숨어 있는 기초 과학의 원리에 대해 하나씩 깨달아 가요. 이것이 바로 나유식이 '공학'에서 '기초 과학'의 원리를 깨우치는 과정입니다. 그리고 이것이 '창의적인 과학 교육'이라고 할 수 있어요. 창의적인 과학 교육은 기초 과학이라는 틀을 벗어나 기술과 공학, 제품 등을 융합해서 새로운 것을 창조해 내는 것이에요. 이것을 '융합'이라고 하지요.

지금 전 세계는 '융합'으로 발전하고 있어요. 스마트폰이나 태블릿 PC 같은 것이 대표적인 융합 제품이에요. 융합 기술은 우리의 삶과 사회 구조를 완전히 바꾸고 있지요.

여러분의 과학 교육도 '융합'으로 바뀌고 있어요. 초등학교도 융합 인재 교육을 본격적으로 시작했어요. STEAM 융합 인재 교육이란, 학생들이 재미없다고 느끼는 수학(Mathematics)과 과학(Science)을 기술(Technology)과 공학(Engineering), 나아가 예술(Arts)과 연결하고 융합해요. 그래서 융합적 사고력을 키우고, 창의적인 문제 해결 능력을 갖추게 하지요. 예전의 과학은 나무는 볼 수 있어도 숲은 볼 수 없었지만, 융합형 과학은 기초 과학과 기술, 공학, 예술 등을 연결해서 커다란 숲을 볼 수 있는 능력을 키워 줍니다.

여러분이 융합형 과학 인재가 되려면 나유식처럼 주변에 있는 것들에 대해 호기심을 가지세요. 과학은 멀리 있는 공부가 아니에요. 우리 주변의 물건들에 대해 '왜?'라는 질문을 던져 보세요. 여러분이 통찰력과 상상력으로 가득 찬 융합형 과학 인재가 되기를 바랍니다.

서지원

열 번째 사건

초능력자 vs 연금술사

나는 초능력자다. 내가 쓸 수 있는 초능력은 열 가지가 넘는다. 그렇다고 태어날 때부터 초능력자였던 건 아니다.

어느 날 우리 집에 별똥별이 떨어지면서 나는 초능력자가 되었다. 초능력이 생기면서 손가락에서 전기가 나오고 투명인간이 될 수도 있다. 또 눈동자로 텔레비전 채널을 돌리고, 다른 사람의 마음을 읽을 수도 있다.

하지만 문제가 있다. 초능력을 내 마음대로 발휘할 수가 없다는 것이다. 손가락으로 전기를 발사시키려 했는데 눈동자가 리모컨으로 변했고, 다른 사람의 마음을 읽으려는데 코가 불타는 느낌이 들면서 100미터 밖의 화장실 냄새가 맡아졌다. 그래서 나는 좀 모자란 초능력자라고 할 수 있다.

내 이름은 나유식이다. 친구들이 부르는 별명은 너무식. 나

보고 너무 무식하다며 너무식이라는 별명을 붙이다니 나의 초능력을 몰라서 하는 말이다. 쯧쯧쯧, 내 진짜 능력을 알면 다들 놀라 자빠질 텐데, 이 비밀스런 능력을 숨겨야 하다니 안타깝기만 하다.

내가 정말 바라는 것은 생각만 해도 가슴이 뛰는 희주의 마음을 사로잡는 것이다. 강아지처럼 아름다운 눈동자를 가진 희주……. 여자의 마음을 끌어당기는 자석 같은 초능력은 없을까?

쿵쿵. 이게 무슨 냄새지? 혹시 아빠가 또 그걸 시작한 걸까? 맙소사!

요즘 아빠가 이상해졌다. 벌써 몇 시간째 부엌에 틀어박혀

요리를 하고 있다.

　식탁에는 아직 쓰지 않은 야채며, 과일, 음식 재료들이 산더미처럼 쌓여 있었다. 아빠는 저 재료들을 기어코 다 쓰고서야 부엌에서 나올 모양이다.

　"여보, 그만 좀 만들어. 이 많은 걸 누가 다 먹는다고."

　"냉장고가 터질 것 같아요."

　엄마와 누나가 소리쳤다. 우리 집에서 강력한 파워를 가진 두 명의 여자. 초능력도 저 여자들을 이길 수는 없다. 하지만 정신이 외출한 것 같은 아빠에게는 엄마와 누나 말도 소용없는 일이다.

아빠의 눈은 투지로 활활 불타고 있었다. 눈에서 레이저 광선이 발사되지 않는 게 신기했다. 아빠는 반드시 이 세상에서 가장 맛있는 새로운 요리를 만들어 보이겠다고 했다.

"이것 좀 먹어 봐."

아빠는 새 메뉴라며 접시 가득 음식을 담아 왔다.

"생긴 게 왜 이래?"

"뭘 만든 거예요?"

엄마와 누나가 인상을 찌푸리며 물었다.

"콩나물 크림 파스타야. 살찌는 걸 두려워하는 사람들을 위해서 면 대신 콩나물로 파스타를 만들었지. 콩나물에는 비타민 B, C가 많이 들어 있지. 건강도 챙기고, 다이어트도 하고! 일석이조일 것 같지 않아?"

"콩나물을 너무 푹 익혔나 봐. 면발 같은 느낌이 조금도 없어."

"비린내도 살짝 나는데요?"

엄마랑 누나는 고개를 홱 돌렸다. 아빠가 이번에는 나를 간절한 눈길로 바라보았다. 나는 억지로 콩나물 파스타를 한 젓가락 집어 들었다. 아빠가 '옳지, 옳지!' 하는 눈빛으로 나를 보았다. 나는 파스타를 입에 넣고 우걱우걱 씹었다.

"어때? 맛있지?"

정말이지 맹맹한 맛이었다.

"어때, 어때?"

아빠가 또 물었다.

"그럭저럭요."

나는 간신히 콩나물 덩어리를 삼키며 말했다.

"아주 많이 만들었어. 더 먹을래?"

그 순간 나는 맛을 못 느끼게 하는 초능력이 갖고 싶어졌다. 그런 게 있다면 말이다. 그래서 맛에 대해 알고 싶어졌다. 이럴 땐 척척박사 엄마에게 물어보는 게 최고다.

"엄마, 맛은 어떻게 느끼는 거예요?"

"입 안의 혓바닥에 있는 미뢰라는 세포로 맛을 느껴. 사람의 혀에는 보통 2,000개에서 8,000개의 미뢰가 있어."

역시 엄마는 생활 과학에 대해서는 모르는 게 없다. 엄마는 침에 녹은 음식물이 미뢰를 자극하면 신경으로 특정한 맛이 전달되어 뇌가 그것을 알게 된다고 한다.

'그 많은 미뢰를 한꺼번에 없앨 순 없겠지. 차라리 맛을 전달하는 신경을 마비시키거나 신경 신호를 해석하지 못하도록 뇌를 멈춰 버리게 해야겠어.'

나는 그런 초능력을 발휘할 수는 없을까 하며 별똥별을 만지작거렸다. 엄마가 코딱지를 파는 줄 알고 찌릿 눈을 흘겼다.

그 순간 혀끝이 저릿해지더니 혀에서 맛이 느껴지지 않았다. 신경이 마비된 것 같았다. 세상에! 맛을 느끼지 못하게 하는 초능력도 다 있다니!

"맛이 어때?"

아빠가 두 눈을 동그랗게 뜨고 물었다.

"맛있어요, 최고예요!"

나는 건성으로 대답했다. 어쨌든 맛이 느껴지지 않으니까 할 수 있는 말이었다.

내 말에 힘을 얻은 아빠는 맹렬한 기세로 치즈 포테이토 계란말이를 만들기도 했고, 토마토소스에 버무린 잔치 국수를 만들기도 했고, 멸치 초밥을 만들기도 했고, 짜장 국수를 만들기도 했다.

　아, 하지만 제발! 이것만은! 가장 심각한 요리가 등장했다. 고약한 냄새의 정체는 청국장 수프였다.

　그건 청국장을 수프처럼 만든 것으로, 콩가루와 청국장 가루를 1:1로 배합하여 우유와 버터를 넣고 끓인 요리였다. 생각만 해도 느글느글한 이 요리는 실제로 먹으면 속에 기름이 둥둥 떠다니는 것처럼 느껴했다. 게다가 냄새까지 구려서 차마 수프 그릇에 고개를 가까이 할 수가 없을 지경이었다.

'초능력을 발휘할 수 있어서 다행이야.'

나는 아빠가 내민 음식들을 묵묵히 삼켰다. 아빠는 이런 사정도 모른 채로 야심차게 음식을 만들고 또 만들었다.

아빠가 이렇게 된 건 행운 마트에서 개최한 '가족 음식 만들기 대회' 때문이다. 아빠는 새 게임기를 사고 싶어 했다. 축구 게임을 할 수 있는 TV 전용 게임기였는데, 오래전부터 그걸 사고 싶다며 엄마를 설득했다. 하지만 엄마는 눈 하나 깜짝하지 않고 그 말을 무시했다. 그런데 하필 아빠가 그토록 갖고 싶어 하던 게임기가 1등 경품으로 걸리게 된 것이다.

그때부터 아빠는 요리 대회에 나가겠다는 투지에 불타기 시작했다. 아빠가 이렇게 뜨거운 열정을 보였던 적은 대학교 1학년 장기자랑을 나갈 때를 빼고 처음이라고 엄마가 말했다.

드디어 행운 마트에서 개최한 '가족 음식 만들기 대회'의 날이 다가왔다. 아빠는 일요일 아침부터 휘파람을 불며 앞치마를 챙겼다.

"유식아, 너도 같이 나가 줄 거지?"

순간, 나는 혹시 망신을 당하지 않을까 걱정됐다. 하지만 아빠의 설득은 달콤했다.

"행운 마트 요리 대회에서 1등을 하기만 해 봐! 게임기를 타면 하루에 2시간씩 무료로 사용하게 해 줄게. 너희 누나한테는 1시간당 1,000원씩 받을 거야."

'2시간이면 2,000원!'

앉은 자리에서 하루에 2,000원을 버는 것이다! 나도 모르게 고개를 끄덕였다.

아빠와 함께 돼지 모양이 그려진 노란색 앞치마를 입고 요리 대회에 나갔다.

이날 아빠가 만들기로 한 요리는 돼지 삼겹살 야채말이 김치 보쌈이었다. 두툼한 삼겹살에 야채를 돌돌 말아서 보쌈김치와 함께 먹는 것이다.

"앗, 뜨거워!"

아빠는 칼질을 하다가 다치고, 엎어지고, 와장창 그릇을 무너뜨려 가며 요리를 했다. 그때까지만 해도 위험하긴 했지만, 요리가 순조롭게 진행되고 있었다. 하지만 아빠는 결정적인 실수를 저지르고 말았다. 프라이팬에 기름 대신 물을 붓고 만 것이다.

"아이쿠!"

아빠의 비명이 터졌다. 아빠는 얼른 물을 닦아 내려다가 실수로 그만 버너에 물을 엎어 버리고 말았다.

"으악, 불이 꺼졌어! 으아아악!"

아빠의 비명이 연방 터졌다.

버너는 고장이 났고, 물에 빠진 삼겹살은 익힐 수 없게 됐다. 돼지고기는 소고기와 달라서 바짝 익혀 먹지 않으면 안 된다는 이야기를 들은 적이 있다. 돼지고기의 근육 속에는 기생충이나 기생충알이 들어 있을 수 있는데, 이것들을 제대로 익혀서 죽이지 않으면 사람의 몸속으로 들어가 여러 가지 문제를 일으킬 수 있다는 것이다.

"이제 어쩌지?"

아빠는 엉망이 된 테이블을 바라보며 한숨을 내쉬었다.

나는 그런 아빠를 두고 볼 수만은 없었다. 그래서 머리를 집중하며 전기 에너지의 원리를 떠올렸다. 엄마가 가르쳐 준 건전지를 떠올리며 내 몸이 거대하면서 강력한 건전지가 되라고 마음속으로 외쳤다. (과학의 원리를 정확하게 깨달아야만 초능력이 발생한다.)

그리고 나는 서서히 전기 에너지를 일으킨 손바닥을 삼겹살 위에 갖다 댔다.

잠시 뒤, 삼겹살을 본 아빠가 소리쳤다.

"삼겹살이 저절로 익었어!"

"덜 익은 걸 수도 있잖아요."

나는 시치미를 떼고 말했다.

"아니야, 고기의 근육 속에는 미오글로빈이라는 게 들어 있어. 그것 때문에 고기는 붉은색을 띠는 거지. 미오글로빈은 열을 받으면 갈색으로 변해. 바로 지금처럼 먹음직스러운 갈색!"

아빠는 노르스름하게 익은 삼겹살을 한입 먹어 보더니, 눈을 부릅떴다. 나는 혹시 전기로 익힌 고기의 맛이 이상한 건 아닐까 겁이 났다.

그때였다.

아빠가 눈물을 흘리며 말했다.

"오, 이건 예술이야!"

물에 잠겼다가 전기 때문에 바짝 구워지게 된 돼지고기의 특이한 맛에 감동해 버린 것이었다.

"난 요리의 천재인가 봐! 흐흐흑!"

아빠를 위해 나는 입을 꾹 다물었다. 입을 꾹 다물고 있기가 내게는 새로운 초능력을 하나 얻는 것만큼이나 어려웠다.

"오늘 음식 만들기 대회의 결과를 발표하겠습니다. 1등은……."

놀랍게도, 아빠와 내가 합작(?)으로 만든 엉터리 요리가 요리 대회에서 1등을 차지해 버렸다.

"내가 해냈어! 우와!"

아빠의 뜨거운 눈물이 그치지 않았다. 나도, 엄마도, 누나도, 아빠의 그치지 않는 눈물에 어안이 벙벙했다.

사람에게 가장 소중한 것은 무엇일까? 나는 아빠의 눈물을 보고 그것을 알게 됐다. 그것은 꿈이다. 아빠의 눈물은 잃어버린 꿈을 되찾은 기쁨이었다.

그렇다면 내 꿈은? 다섯 살 때 내 꿈은 공룡이었다. 초등학교 2학년 때 내 꿈은 마법사였고, 초등학교 3학년 때는 지구를 지키는 거대 로봇 조종사였다. 그런데 초능력자가 된 지금, 내 꿈은 지구를 지키는 슈퍼 히어로다. 악당이 나타나면 빨간 내복을 입고 번개처럼 나타나는 괴력의 초능력자! 지구의 정의와 평화를 수호하기 위해 나는 노력할 것이다!

초능력아, 솟아라! 어마어마한 힘이여, 내게로 와라! 나의 엄청난 파워로 악의 무리를 물리치리라! (그런데 악당은 대체 어디 있는 거지?)

초능력이 생기려면 나는 새로운 과학 지식의 원리를 완전히 깨달아야만 한다. 그런데 아직 내 초능력은 완벽하지 않다. 슈퍼 히어로가 되기 위해 반드시 과학 지식을 완벽하게 갈고 닦으리라…….

뜨거운 눈물을 흘린 요리 대회 이후, 아빠는 우리 사이언스 패밀리 앞에서 충격적인 선언을 했다.

"내 꿈은 요, 리, 사, 다! 나는 앞으로 요, 리, 사, 가 될 테다!"

나와 엄마와 누나는 또 어안이 벙벙한 표정으로 아빠를 바라봤다. 그렇게 말이 많은 누나조차 수저를 떨어뜨렸을 뿐 말 한 마디 내뱉지 못했다.

아빠는 그 즉시 부엌으로 들어가 신 메뉴 개발에 열중하기 시작했다.

아빠는 당장이라도 사표를 쓸 기세였다. 아빠는 프랜차이즈 음식점의 회장이 되어 멋진 차를 타고 다니며, 어깨 가득 힘을 주는 상상을 하고 있었다.

"이제야 내가 할 일을 찾은 거야! 이건 내 적성에 딱이야! 이제 김부장님에게 꾸중 들을 일도 없겠지? 이제 날마다 야근하지 않아도 좋아! 회의 준비도 할 필요 없을 테고, 설계가 잘못된 건 아닐까 하고 가슴 졸일 필요도 없겠지, 야호!"

아빠의 요리는 정말 맛없고 끔찍했지만, 우리 가족은 아무도 아빠에게 사실을 말할 수 없었다. 맛을 측정하는 과학 기계가 있다면 얼마나 좋을까, 하고 나는 생각했다.

아빠는 어느 때보다 힘이 넘치고 신이 나 보였다.

'자기가 진짜 하고 싶은 일을 하면 행복을 느끼게 되는 거구나.'

나는 아빠를 보며 생각했다.

"유식아, 요즘은 프랜차이즈가 대세야."

"정말 그걸 만들 거예요?"

"그래, 회사 이름을 유나의 '나'와 유식의 '식'을 따서 나식주식회사라고 지을까? 나식, 나를 위한 음식! 의미도 좋군! 그래, 나는 어쩌면 너희 이름을 지을 때부터 운명의 부름을 느끼고 있었는지도 몰라. 난 가전제품 따위를 만드는 사람이 아니라 엄청난 요리사가 될 운명이었던 거야."

나는 턱을 괴고 앉은 채 아빠를 물끄러미 바라보았다.

아빠는 눈을 반짝이며 새로운 요리를 개발하기 시작했다. 그사이, 누나는 독서실로 피난을 갔고, 엄마는 학교에 보충 수업이 있다며 서둘러 나가 버렸다.

"미안해, 다녀와서 먹을게."

"유식아, 아빠 요리가 맛있다고 다 먹으면 안 된다. 우리 몫은 남겨 놔야 해."

엄마랑 누나가 부랴부랴 나가며 소리쳤다. 하지만 그 말이

진심이 아니라는 게 팍팍 느껴졌다.

이런 사실을 알 리 없는 아빠는 여전히 흥얼거리며 요리를 만들었다. 계량기로 정확하게 음식 재료의 양을 측정하는 모습은 마치 실험실에서 연구하는 과학자 같았다.

"아빠는 음식을 실험하듯이 만드네요."

내가 코를 찡긋하며 말했다. 그러자 아빠는 손가락을 흔들면서 맞장구를 쳤다.

"요리는 화학이니까!"

"요리가 왜 화학이에요? 그러면 요리사는 다 화학자예요?"

"요리랑 화학은 아주 비슷하지. 요리는 알맞은 재료와 조리 방법, 조리 온도, 조리 시간 등 모든 요소가 완벽하게 맞아야 훌륭한 음식이 만들어지잖아. 화학도 마찬가지야. 알맞은 실험 재료와 실험 방법, 실험 온도와 실험 시간 등 모든 요소가 완벽하게 맞아야 훌륭한 실험이 되거든."

"어!" 하면서 난 감탄했다. 아빠의 말을 듣고 보니 요리가 화학처럼 근사하게 느껴졌다. 아빠는 그런 내 마음을 눈치챘는지 거품기를 저으면서 이탈리아의 오페라 가수처럼 엉터리 노래를 하기 시작했다.

아주, 아주, 아아아주 먼 옛날,
말똥으로 금을 만들려는 사람들이 있었지.
말똥에 달걀노른자를 넣고,
여기에 계피와 오줌을 넣은 다음,
팔팔 끓였지.
노란빛이 나는 건 다 넣었지. 랄랄라.

"우웩, 우웩, 우우웩!"
나는 토하는 척하면서 국자를 두드리며 아빠의 노래에 장단을 맞췄다.

냄새가 지독했지.
아주, 아주, 아아아주 지독했지.
그래도 계속 넣었지.
노란 건 다 넣었지.
왜냐하면 노란빛이 나는 건
황금 색깔이랑 비슷했으니까!

"꽥, 꽥, 꽥꽥꽥!"

난 비명을 지르며 젓가락으로 병을 두드렸다. 아빠는 강판으로 야채를 썰면서 쓱쓱싹싹 박자를 맞췄다.

그런 사람을 일컬어 연금술사!
연금술사를 놀리지 말게나.
영국 왕 찰스 2세도 연금술사였다네.
연금술사를 흉보지 말게나.
연금술사들이 화학을 만들었네.
나는야 요리의 연금술사.
세상을 깜짝 놀라게 할 요리를 만들 테다!

그리고 아빠는 갓 만든 음식을 내게 내밀었다.
"유식아, 한번 먹어 볼래?"
이번에는 매콤한 비빔밥이었다. 아빠는 밥에다가 고추장을 비비며 중얼거렸다.
"좀 특별한 비빔밥을 만들 순 없을까? 고추장 비빔밥은 너무 식상해."
나는 대수롭지 않게 중얼거렸다.
"고추장 대신 케첩을 비벼 보면 어때요? 맵지도 않고, 달콤

한 비빔밥. 그런데 아빠, 정말 연금술사가 화학을 만들었어요?"

"오!"

순간 아빠의 눈이 휘둥그레졌다. 내가 한 질문에는 대답하지 않고, 엄청난 아이디어를 얻은 듯한 표정이었다. 나는 속으로 '설마 그걸 진짜 만들 작정은 아니시겠지?'라고 생각했지만, 아빠는 이미 케첩을 밥에다 가득 뿌리고 있었다.

"먹어 봐."

아빠가 토마토케첩 냄새가 물씬 나는 비빔밥을 내밀었다. 나는 얼른 별똥별을 만져서 혀를 마비시켰다.

"어때?"

"최고예요."

나는 거짓말을 했다. 초능력이 없었다면 엉엉 울어 버렸을지도 모른다. 그런 내 마음을 아는지 모르는지 아빠는 마치 엄청난 발명품을 만들어 내기라도 한 것처럼 방방 뛰며 기뻐했다.

그날 이후 아빠는 끊임없이 새로운 메뉴를 들고 나타났다.

"이것 좀 먹어 봐."

"이건 어때?"

"새로운 아이디어를 더해 줘."

나는 마치 아빠의 실험용 쥐가 된 기분이었다.

"이것도 먹어 볼래?"

"이건 뭔데요?"

"뻥튀기 크림 덮밥."

아빠가 뻥튀기 위에다가 크림소스를 얹은 그릇을 들고 왔다. 아빠는 부드러운 뻥튀기에다가 크림을 찍어 먹으면, 입 안에서 살살 녹는 맛의 조화를 느낄 거라며 자신만만하게 말했다. 내가 쉽사리 맛을 보지 못하자 아빠는 다른 음식도 내밀었다.

"디저트도 있단다. 수박화채!"

수박화채라니……. 초겨울에 먹는 음식으로는 전혀 어울리지 않아 보였다. 하지만 느끼하기 그지없는 크림 덮밥보다는 차라리 디저트가 낫겠다는 생각이 들었다.

나는 화채를 한 숟가락 퍼 먹어 봤다.

"맹물 맛이에요."

"당연하지, 맹물을 부었으니까."

"화채는 달짝지근하잖아요."

"사이다나 설탕물을 넣으면 그렇겠지. 하지만 이 아빠는 건강을 생각해서 맹물을 부었단다."

"맛이 없어요."

나는 참았던 말을 하고 말았다. 그러자 아빠는 실망한 듯 어깨를 축 늘어뜨렸다.

"각설탕을 좀 넣으면 좋겠어요……. 그럼 아주 맛있을 것 같아요."

나는 찬장에서 얼른 각설탕을 꺼내 왔다.

화채 속에 설탕 덩어리를 집어 넣었더니, '퐁' 하고 가라앉는 게 보였다.

순간 나는 궁금증이 생겼다.

"아빠, 물에 각설탕을 넣으면 가라앉죠?"

"그렇지."

"그런데 얼음은 왜 물에 뜨는 걸까요? 얼음도 각설탕도 모두 고체잖아요."

"보통 물질은 액체일 때보다 고체일 때 밀도가 더 커지지. 하지만 물은 달라. 물은 액체일 때보다 고체일 때 밀도가 더 작아진단다. 그러니까 숟가락 같은 쇠가 물에 가라앉는 건 물보다 밀도가 크기 때문이고, 얼음이 물 위에 뜨는 건 물보다 밀도가 작기 때문이지."

"물에 뜨는 스티로폼 같은 것도 물보다 밀도가 작기 때문에 뜨는 건가요?"

"그렇지, 우리 아들이 이제는 하나를 가르쳐 주면 열을 깨닫는구나. 이제 아빠의 요리도 한번 먹어 주렴."

나는 애써 웃음을 지으며 뻥튀기 크림 덮밥을 먹어 보았다.

뻥튀기를 오물오물 씹던 나는 궁금한 게 생겼다. 뻥튀기도 쌀로 만드는 것인데 어째서 밥알과는 크기가 다른 걸까 하는 것이었다.

"그건 압력 때문이지."

뭔가 대단한 말이 아빠의 입에서 나올 것 같았다. 나는 얼른 수첩을 꺼내 받아 적을 준비를 했다. 과학을 완벽하게 깨우치면 새로운 초능력이 생기기 때문이다.

얼음이 물에 뜨는 이유는 무엇일까?

각설탕 같은 고체는 물에 가라앉는다. 그런데 물을 얼린 얼음은 고체지만 물 위에 뜬다. 도대체 왜 그런 걸까? 물은 특별한 성질이 있는 걸까?

그 비밀은 바로 물질의 밀도 때문이다. 밀도에 대해 알아보기 전에 먼저 부피와 질량을 알아야 한다. 부피는 물질이 차지하는 공간의 크기이다. 음료수병에 써 있는 200mL라는 숫자가 바로 음료수의 부피다. 질량은 물체 고유의 양을 말한다. 흔히 100g, 1kg이라고 말하는 것이 바로 물체의 질량이다. 질량은 고체, 액체, 기체같이 물질의 상태가 변해도 같은 값을 가진다. 또 지구에서든 달에서든 물질의 질량은 항상 같다.

부피나 질량은 물질의 특성이 아니다. 무슨 말이냐면, 부피나 질량이 같다고 해서 같은 물질이 아니며, 같은 물질이라도 부피나 질량이 다를 수 있다는 뜻이다. 하지만 세상 모든 물질의 부피를 똑같게 하여 질량을 비교한다면 물질마다 그 값은 달라진다. 따라서 이 값을 이용해 물질을 구분할 수 있다. 이것을 밀도라고 한다. 즉 밀도는 같은 부피끼리 비교했을 때 물질의 질량이고, 다음과 같이 구할 수 있다.

$$밀도 = \frac{질량}{부피}$$

밀도가 큰 물질과 작은 물질이 섞여 있다면 같은 부피끼리 비교했을 때, 밀도가 큰 물질은 밀도가 작은 물질보다 질량이 더 크기 때문에 아래로 가라앉는다. 예를 들어, 기름과 물이 섞여 있다면 밀도가 큰 물은 아래에, 밀도가 작은 기름은 위에 위치한다. 각설탕이 물에 가라앉는 이유도 각설탕의 밀도가 물의 밀도보다 크기 때문이다.

마찬가지로 얼음이 물 위에 뜨는 이유도 얼음의 밀도가 물의 밀도보다 작기 때문이다.

뻥튀기를 하면 쌀알이 왜 커질까?

뻥튀기 기계는 두꺼운 쇠로 만들어져 있고, 입구도 완전히 밀봉되어 있다. 뻥튀기 기계에 쌀을 넣고 가열하면 쌀알 안에 있는 물기가 증발하여 수증기가 나온다. 수증기는 뻥튀기 기계 밖으로 나올 수 없어서, 뻥튀기 기계 안이 수증기로 가득 차게 된다. 따라서 뻥튀기 기계 안의 압력이 올라간다. 이때 갑자기 뚜껑을 열면 뻥튀기 기계 안에 있던 공기들이 밖으로 팽창해 나오면서 압력이 낮아진다. 그 결과로 쌀알을 누르고 있던 압력이 사라지므로 쌀알의 부피는 폭발하듯이 커지는 것이다.

뻥튀기 기계 안은 아주 압력이 높기 때문에 쌀이 빨리 익는 효과도 나타난다. 등산을 가서 높은 곳에서 밥을 해 먹으면 밥이 설익는다는 얘기를 들은 적이 있다. 높은 산에서는 평지보다 공기가 적어 공기의 압력이 낮기 때문에 물이 100℃가 아닌 더 낮은 온도에서 끓게 되고, 따라서 밥이 설익는 것이다. 이처럼 물의 끓는점은 압력에 따라서 달라진다. 즉 압력이 높으면 끓는점이 올라가고 압력이 낮으면 끓는점이 내려간다. 압력솥은 뻥튀기 기계처럼 높은 압력을 주어 물의 끓는점을 높이는 기구이다. 압력솥으로 밥을 하면 밥이 빠르고 맛있게 된다.

"어떠니? 아빠의 특별 음식의 맛!"

"정말 느끼해요!"

난 솔직하게 말했다.

"그래? 그럼 김치라도 한 조각 먹으렴."

아빠는 지난주에 담근 김치를 꺼내 왔다. 나는 허겁지겁 김치를 베어 물었다. 순간 입 안 가득 신맛이 퍼졌다.

"윽!"

"왜 그래?"

"김치가 너무 신 것 같아요······."

"유산균들이 활발하게 번식했나 보구나!"

아빠는 김치의 재료 속에는 다양한 미생물이 살고 있다고 했다. 김치를 만드는 과정에서 재료들을 소금에 절이는 것은 몸에 해로운 다른 균들은 자라지 못하게 하고 사람에게 이로운 유산균들만 잘 번식할 수 있는 환경을 만들어 주기 위해서 라고 한다.

"미생물들은 번식하면서 음식이 발효되게 하는데 그 과정에서 신맛을 내는 산이 만들어져서 음식의 맛을 시게 하지."

"미생물이라고요? 그건 병균 같은 거 아닌가요?"

"아냐, 여러 가지 미생물들 가운데에는 우리 몸에 유익한 균도 있어. 김치에 있는 '유산균'이 대표적으로 유익한 균이지."

아빠는 김치를 손으로 쭉 찢어서 맛을 보더니, 입맛을 쩝쩝 다셨다.

"음, 정말 잘 익었군! 유산균들이 김치를 골고루 익게 해 줬나 보다. 하하하!"

"윽, 균이 들어 있다고 생각하니까 못 먹겠어요."

"유산균은 음식에 살아 숨 쉬면서 우리 몸에 좋은 물질들을

만들어 낸단다. 유산균이 만들어 낸 김치의 성분 속에는 노화를 막아 주고, 나쁜 콜레스테롤을 없애 주는 좋은 성분들이 가득해!"

그렇게 설명해 주었지만 도저히 김치도, 밥도 먹고 싶지가 않았다. 나는 아까 깎아 두었던 사과나 한 조각 먹을까 하고 거실로 갔다. 그런데 거실 테이블에 놓인 사과가 갈색으로 변해 있는 게 아닌가.

"아빠, 사과가 상했나 봐요."

나는 사과를 아빠에게 보여 주었다.

"이건 갈변 현상이라고 하는 거야."

"갈변 현상이요?"

"사과나 바나나 같은 과일 표면이 공기 중의 산소와 만나면 산화 효소 작용으로 갈색을 띠게 돼. 감자도 갈변 현상이 잘 일어나지. 갈변 현상 때문에 색이 변했다 해도 과일이 상했거나 맛에 문제가 생긴 건 아니란다."

아빠는 사과에서 나오는 에틸렌 가스에 대해서도 설명해 주었다.

"사과는 다른 과일에 비해 에틸렌 가스를 많이 배출하지. 그래서 사과를 다른 과일과 함께 두면 안 돼."

"왜요?"

"에틸렌 가스는 과일을 빨리 익게 하는 성질이 있거든. 너무 익어버리면 과일이 맛이 없잖아."

"흠, 아빠한테서 에틸렌 가스가 막 뿜어져 나오는 것 같아요."

"그게 무슨 말이니?"

아빠가 눈을 껌뻑였다.

'아빠가 저를 빨리 늙게 만드는 것 같다고요!'

나는 속으로 대꾸하고서 텔레비전을 켰다. 마침 텔레비전에서 뉴스가 흘러나오고 있었다. 아나운서가 아주 심각한 목소리로 기사를 읽기 시작했다.

"속보입니다. 오늘 낮, 종로의 H은행에 또다시 흔적을 남기지 않는 은행 강도가 발생했습니다. 범인은 이번에도 흔적 없이 침입해서 돈을 털어 갔다고 합니다. CCTV에도 잡히지 않았습니다. 오, 맙소사! 그럼 내 예금은 어떻게 되는 건가요? 안전한 거겠죠? 내 돈!"

아나운서가 카메라를 향해 절규했다.

"아직도 은행 강도 사건이 계속 발생하네."

아빠가 심각한 표정으로 오이를 씹었다. 한 달 전부터 여러 은행에서 이상한 사건이 계속 발생했다. 제일 처음 사건이 발생한 곳은 바로 우리 집 근처 큰 길 건너의 은행이었다. 현금 5억 원이 사라졌다.

　그런데 더욱 놀라운 것은 외부 침입의 흔적이 전혀 없었다는 것과 CCTV에 잡힌 범인의 모습이었다. 머리부터 발끝까지 검은 옷으로 감싸서 누구인지 알아볼 수 없는 범인은 벽을 향해 걸어갔고, 벽을 통과해 사라졌다. 잠시 후 돈 가방을 들고 벽을 통과해 나타난 후 유유히 도망쳤다.

　범인을 잡기 위해 우리 동네에는 경찰이 총출동했고, 우리 학교에도 경찰 아저씨가 나타나 범인의 사진을 보여 주며 아이들에게 신고해 달라고 부탁했다.

아이들은 범인이 사람이 아니라 귀신이라고 했다. 사람이라면 벽을 통과할 수가 없기 때문이다. 하지만 난 범인은 분명히 초능력을 사용하는 사람일 것이라고 짐작했다.

나는 주먹을 불끈 움켜쥐었다.

"기다려, 내가 반드시 널 잡아 넣고 말 테니까. 빨간 내복의 이름을 걸고 맹세하지!"

나는 하루빨리 초능력을 완벽하게 만들어서 범인을 쫓아야겠다고 다짐했다. 하지만 어떤 것을 무기로 삼아야 할지 막막하기만 했다. 괴상한 은행 강도와 맞서려면 나만의 무기가 하나쯤 있어야 할 텐데…….

바로 그때였다. 코끝이 찡해 오더니, 머리가 어지러웠다. 지독한 냄새 때문이었다.

"아빠, 이게 무슨 냄새예요?"

"청국장."

아빠가 청국장을 내밀며 말했다.

"으, 냄새가 너무 지독해요."

"유식이는 콧속의 후세포가 유난히 발달했나 보구나."

그러면서 아빠는 후세포에 대해 설명해 주었다. 이럴 땐 아빠도 엄마처럼 똑똑해 보인다. 아빠 말로는 우리의 콧구멍 위쪽에는 후각상피가 있고, 그 속에 후세포가 들어 있다고 했다. 후세포의 끝에는 후각털이 숭숭 나 있는데 이 털과 냄새를 내는 물질이 만나면 냄새 신호가 신경을 타고 뇌로 전달되어 냄새를 느끼게 된다는 것이다.

"개가 사람보다 냄새를 잘 맡는 건 후각상피가 아주 넓기 때문이지. 사람의 백 배 정도 되는 크기라고 할 수 있어. 게다가 후세포의 수도 월등히 많단다."

"냄새를 잘 맡으려면 후세포가 많아야 한다는 거죠?"

"그래."

아빠는 코딱지에 대해서도 설명해 주었다. 코는 끈적끈적한 점액으로 뒤덮여 있는데, 이것은 후세포와 털을 보호하기

위한 물질이라고 한다. 이 물질과 먼지가 만나서 덩어리로 뭉쳐지면 그것이 바로 코딱지라고 했다.

나는 별똥별을 만지작거리며 생각했다.

'그래, 후세포를 늘려 놈의 냄새를 더 잘 맡을 수만 있다면, 어디로 사라지든 뒤쫓을 수 있겠지?'

그날 밤, 나는 일기장을 펼쳤다. 하얀 종이가 나를 바라본다. 초능력자로 만들어 주는 특별한 일기장이다.

난 원래 호기심이 많지만, 초능력자가 된 이후로는 더 많아졌다. 초능력을 완벽하게 만들려면 과학 지식을 완벽하게 깨달아야 하기 때문이다. 아인슈타인과 뉴턴을 천재로 만든 것도 호기심이었다. 과학 지식을 완벽하게 깨달으려면 호기심이 많아야 한다. 호기심만 많으면 안 되고, 그 호기심을 풀어 내기 위해 노력해야 한다. 그래서 나는 일기를 쓴다.

다른 아이들은 선생님에게 검사를 받으려고 억지로 일기를 쓰지만, 나는 그렇지 않다.

내게는 두 개의 일기장이 있다. 하나는 학교에 내는 일기장, 다른 하나는 초능력자로 만들어 주는 특별한 과학 일기장이다.

나는 매일 밤 과학 일기를 쓰기 전에 상상한다. 내게 또 어떤 초능력이 나타날지 상상만 해도 신이 났다.

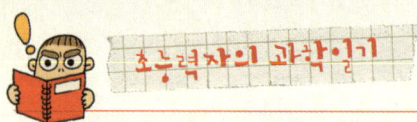

화장실에 오래 있으면 왜 화장실 냄새가 안 날까?

사람의 코에는 냄새를 맡는 후각 기관이 있다. 코 안 천장에 냄새를 맡는 후세포가 있다. 냄새를 맡을 수 있는 것은 기체 상태의 화학 물질을 후세포의 털이 감지하기 때문이다.

그런데 후각은 아주 예민하다. 그래서 쉽게 피로해진다. 냄새와 맛은 아주 밀접한 관련이 있다. 그래서 혀로만 맛을 느낄 수는 없다.

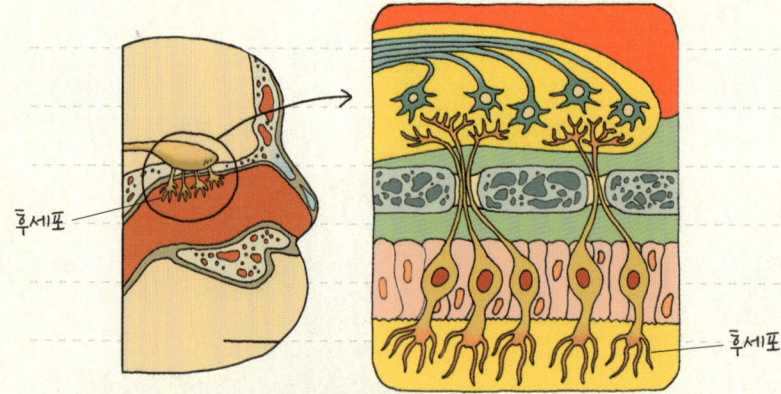

후세포

후세포

참 신기한 것은, 씹던 껌을 버리지 말고 냉장고에 넣어 두었다가 씹으면 다시 새 껌처럼 단맛이 난다는 것이다. 그래서 나는 처음에는 냉장고의 차가움 때문에 껌의 단맛이 새로 생기는 줄 알았다.

그런데 그게 아니었다. 바로 후세포 때문이었다.

화장실에 오래 있으면 화장실 냄새가 나지 않는다. 간지럼을 오래 타다 보면 나중에는 간지럼을 잘 타지 않는다. 이건 우리 몸의 감각세포 때문이다.

똑같은 감각 자극을 계속 받으면 우리 몸의 감각세포는 피로해져서 그 자극을 못 느끼게 된다.

그런데 여러 감각 가운데 후세포가 가장 빨리 피로해진다. 그래서 껌을 계속 씹으면 혀의 맛을 느끼는 세포와 코의 냄새를 느끼는 세포가 피로해져서 맛을 느끼지 못하는 것이다.

한참 씹고 난 후에도 껌에는 맛과 향이 많이 남아 있다. 냉장고에 넣어 두었다가 나중에 씹으면, 피로해졌던 감각세포가 다시 피로하지 않은 상태가 되기 때문에 새 껌처럼 느껴지는 것이다. 따라서 냉장고가 아닌, 다른 아무 곳에나 놔 뒀다가 씹어도 새 껌처럼 단맛이 느껴진다.

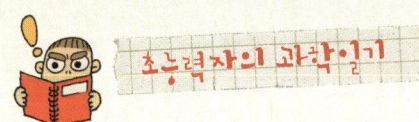

화학자와 연금술사는 정말 황금을 만들었을까?
- 요정이 숨어 있는 '현자의 돌'

연금술사 : alchemist
화학자 : chemist

참으로 놀라운 사실이다! 영어로 화학자는 chemist다. 그런데 이 말은 연금술사인 alchemist에서 가져온 것이라고 한다.

말똥으로 황금을 만들겠다는 이 어리석은 연금술사들이 화학의 길을 열었다니!

하긴 연금술사가 살았던 시대에는 화학이라는 학문이 아예 없었다고 한다. 연금술사들은 황금을 만든다면서 수많은 실험을 거듭했는데, 그런 과정에서 새로운 물질을 발견하기도 하고, 예상하지 못한 결과가 많이 생겼다고 한다. 정작 황금을 만들지는 못했지만 황금을 만들려는 노력이 화학의 길을 열었다는 이야기다.

연금술사들은 아주 먼 옛날부터 내려오는 이야기를 믿었다. '현자의 돌'을 갖는 사람은 세상의 모든 물질을 변화시킬 수 있다는 이야기였다. 그리고 그 현자의 돌은 사람이 만들 수 있는데, 누구나 쉽게 구할 수 있는 값싼 물질을 이용해 만들 수 있다고 했다.

그래서 연금술사들은 '현자의 돌'이란 걸 만들려고 했다. 현자의 돌! 참 멋진 말이다! 현자의 돌은 금의 정령이 들어 있는 돌이라고 한다. 정령이란 요정 같은 것이다. 그러니까 금의 요정이 깃들어 있는 돌멩이라는 뜻이다. 내가 가진 별똥별과 비슷한 것인가 보다. 초능력을 주는 별똥별이니까.

어쨌든 정령은 마법을 갖고 있어서 물질을 변화시키는 강력한 힘이 있다. 현자의 돌만 있으면 돌, 나무, 사람까지 황금으로 변하게 할 수 있다고 연금술사들은 믿었다.

그래서 연금술사들은 계피, 오줌, 말똥, 달걀노른자 같은 우리 주변에 있는 물질로 현자의 돌을 만들려고 했던 것이다. 고약한 냄새를 참아 가며 온갖 실험을 한 것이다.

나는 이제 조금 이해가 될 것 같다. 실험은 처음에는 어리석어 보일지 몰라도 나중에는 자기도 미처 예상하지 못한 훌륭한 결과를 낼 수도 있다는 것을.

* 현자의 돌(Philosopher's Stone)이란?
영원한 생명을 줄 수 있는 신비로운 돌이다. 연금술사들은 이 돌을 갖게 되면 부자가 되고 영원히 살 수 있다고 믿었다.

열한 번째 사건

'달걀'의 초능력을 알게 되다!

황금이다! 번쩍거리는 황금으로 모든 것이 변한다!

돌도 황금, 동전도 황금, 주변에 있는 것은 모두 황금으로 변한다!

엄마와 아빠, 누나는 놀라서 입이 벌어졌다. 아빠한테 화학자와 연금술사 얘기를 들었기 때문일까? 나는 황금을 만드는 초능력이 생겼다.

"유식아, 나 이 머리핀 황금으로 만들어 줘."

"유식아, 엄마 가발 황금으로 만들어 주렴."

"유식아, 아빠는 황금 구두가 신고 싶구나."

내가 손만 갖다 대면 어떤 물건이든 스르륵 황금으로 변했다.

"이제 부자야! 우리는 부자! 세계 최고의 부자!"

"갖고 싶은 것, 먹고 싶은 것, 입고 싶은 것, 뭐든 다 가질 수 있어!"

"우리 유식이가 미다스 왕이 되었구나!"

나는 닥치는 대로 눈에 보이는 것을 황금으로 만들었다. 우리 집은 점점 황금으로 변했다. 화분을 만지면 황금 화분이,

사과를 만지면 황금 사과가 됐다. 눈이 부실 정도로 모든 것이 번쩍거렸다. 우리 가족은 미친 듯이 좋아했다.

그러나 기쁨은 잠시였다.

나는 배가 고파 빵을 쥐었다. 그러자 빵이 금으로 변했다. 수저를 쥐면 금 수저가 됐고, 밥이 금으로 변했다. 반찬도 금으로 변하고, 물도 금으로 변했다. 모든 것이 황금이지만, 나는 쫄쫄 굶을 수밖에 없었다.

"아, 배고파요! 목말라요! 살 수가 없어요!"

나는 엄마와 아빠, 누나에게 달려가 손을 잡았다. 내 손이 닿자마자 우리 가족은 한순간에 황금으로 변했다.

"이런 초능력은 필요 없어! 나를 원래대로 돌려줘!"

나는 고통으로 울부짖었다.

나는 벌떡 자리에서 일어났다. 꿈이었다. 온몸이 식은땀으로 젖었다. 금빛으로 반짝거리는 것은 모두 보기 싫어졌다.

'휴.' 끔찍한 초능력이 실제로 일어나지 않았다니 천만다행이다. 과학을 잘못 알게 되면, 어쩌면 나는 진짜 미다스의 손으로 변할지도 모른다는 생각이 들자 오싹 소름이 돋았다.

나는 초능력자다. 내가 쓸 수 있는 초능력은 열 가지가 넘지만, 내가 쓰고 싶을 때 잘 나오지 않는다는 게 문제다.

내 꿈은 지구를 지키는 슈퍼 히어로. 내 이름은 빨간 내복.

오늘도 나는 슈퍼 히어로 연습을 시작한다. 가장 중요한 능력은 옷 갈아입는 능력이다. 스파이더맨, 배트맨, 아이언맨, 슈퍼맨……. 슈퍼 히어로는 누구나 옷을 빨리 갈아입고 금방 나타난다. 그런데 나는?

나는 빨간 내복으로 갈아입으려면 집으로 가야 한다. 이건 뭔가 이상하지 않나? 어떻게 하면 옷을 빨리 갈아입고 멋지게 나타날까? 그래서 오늘도 거울 앞에서 연습한다. 휙, 다리가

 걸린다. 휘익, 목이 빠져나오지 않는다. 우익, 가랑이가 찢어지려고 한다.

 "대체 뭘 하는 거니?"

 눈길을 돌리자 어느새 누나가 문 앞에 서 있다. 누나는 송충이 같은 눈썹을 치켜뜨며 이상한 눈길로 위아래를 훑어보았다.

 "지금 뭐 하는 거니? 패션쇼 나가니? 내복 패션쇼?"

 "아…… 아니야."

 나는 얼른 얼버무렸다.

 "아빠가 부른다. 난 학원 가야 해. 아빠 실망시키지 말고, 잘해라."

"그냥 가면 어떡해!"

나는 누나를 붙잡았다. 하지만 누나는 시끄럽다며 내 머리를 콩 쥐어박고는 사라져 버렸다.

……또 나만 남았다.

아빠가 만들어 놓은 산더미 같은 음식들을 처리해야 할 사람이 나밖에 없다니. 나는 억지로 음식을 꾸역꾸역 삼키고 일어났다. 속이 더부룩한 것이 금방이라도 구토가 나올 것 같았지만 아빠를 슬프게 만들 수는 없는 노릇이었다.

"잘 먹었습니다."

자리에서 일어나려는데 바지 단추가 툭 하고 튕겨 나갔다. 며칠 새 음식을 하도 많이 먹었더니 살이 찐 모양이었다.

'이대로 가다가는 다시는 빨간 내복을 못 입게 될 거야.'

나는 울퉁불퉁 살집이 삐져나온 영웅의 모습을 상상했다. 생각만 해도 끔찍했다. 나는 도망치듯 학교로 달려갔다. 교실에 도착하자 희주가 새침한 표정으로 나를 향해 "안녕?" 하고 물었다.

"안, 끄억, 녕."

나는 인사를 하다 말고 트림을 했다. 방금 먹은 시금치 당근 볶음밥이 목구멍에서 치밀어 오르는 듯했다.

희주가 인상을 팍 썼다.

"미안, 끄억."

"괜찮아."

희주는 애써 웃으며 말했다. 하지만 속으로 '어유, 매너 없어.'라고 중얼거리는 소리가 들렸다. 희주의 속마음이었다.

"그거 알아? 트림은 음식을 먹을 때 들이마신 공기가 식도를 통해서 입 밖으로 나오는 현상이야. 그러니까 방귀처럼 자연스러운 거야."

내 말에 희주가 눈을 흘깃했다. 하지만 표정은 이미 누그러진 듯했다.

'유식이는 엄청 똑똑하구나.'

또 희주의 속마음이 들렸다. 다행이라고 생각하고 있는데 그 순간 강태열이 끼어들었다.

"뭐? 그럼 트림이 입으로 뀌는 방귀라고?"

"아니, 그게 아니라 방귀처럼 자연스러운 현상이라고."

"이야, 너무식, 너! 입으로 방귀 뀌는 방귀쟁이구나!"

강태열은 내 말을 들은 체도 하지 않고 놀려댔다.

'이러면 희주가 유식이를 싫어하겠지? 요즘 희주가 유식이를 바라보는 눈빛이 예사롭지 않아. 불안해.'

강태열의 속마음이었다. 태열이는 일부러 나를 집중 공격했다.

"너무식, 너 요즘 돼지 같아."

"무슨 소리야?"

"살쪘다고. 멀리서 네가 걸어오는 모습이 꼭 돼지가 걸어오는 것 같더라."

강태열의 말은 충격이었다. 그런데 더 큰 충격은 희주도 그렇게 생각하고 있다는 거였다.

희주도 속으로 내가 요즘 살이 찐 것 같다는 생각을 하고 있었다.

"도저히 안 되겠어!"

나는 정말 심각하게 소리쳤다.

어떻게든 아빠의 요리를 멈추어야만 한다. 아빠를 막을 수 없다면 나는 살이 뒤룩뒤룩 쪄서 절대 폼 나는 영웅이 될 수 없으리라. 그리고 가장 큰 문제는 희주 앞에서 멋진 남자가 될 수 없다는 것이었다.

집으로 돌아가는 길에 수상한 할아버지를 만났다. 재활용품을 모아 놓은 상자를 뒤지는 할아버지였다. 할아버지는 전자 부품이나 전선 등을 골라 수레에 옮겨 실었다. 동네에 재활용품을 모아 가는 사람들은 자주 봐 와서 수상하지는 않았다.

그러나 내가 그 할아버지를 이상하다고 여긴 것은 그 할아버지의 생각이 들려왔기 때문이다. 그리고 그 생각이 내 생각과 만나서 대화를 하듯 오갔다.

수상한 할아버지는 머리에 전선으로 묶은 안테나 같은 모자를 쓰고 있었다. 한 손은 강철로 된 가짜 손이었는데, 다섯 개의 손가락이 정교하게 만들어져 마치 사람 손처럼 자연스럽게 움직였다. 할아버지는 강철 손으로 냉장고의 문짝을 손쉽게 뜯어 내는 괴력을 보였다. 나는 깜짝 놀라 입을 다물지 못했다.

'힘이 하나도 들지 않는군. 조금만 파워를 올리면 자동차도 들 수 있겠어.'

내 머릿속으로 할아버지의 마음이 들려왔다. 나는 초능력으로 할아버지의 마음을 읽은 것이다.

'누구냐? 내 마음속으로 들어온 자가?'

갑자기 할아버지의 마음에서 이런 소리가 들려왔다. 나는 너무 놀라 얼음처럼 굳었다. 어떻게 내가 초능력으로 자신의 마음을 읽는다는 걸 알아낸 것일까?

할아버지는 안테나 모자 옆에 달린 버튼

을 돌리면서 주변을 살폈다. 나는 얼른 골목 사이로 숨었다.
 '어디 있지? 내 머릿속을 들락거리는 새앙쥐 같은 놈. 잡히기만 해 봐라.'
 할아버지의 마음에서 이런 소리가 들렸다. 저벅저벅, 발걸음 소리가 내 쪽으로 다가왔다. 나는 초능력이 생기기를 간절히 바랐다. 초능력이 생겨서 스파이더맨처럼 벽을 타고 넘어 지붕으로 달아나고 싶었다.
 저벅, 저벅, 저벅.
 발걸음 소리가 더욱 가까워졌다. 다리가 부들부들 떨렸다.

나는 펄쩍 벽을 향해 뛰었다. 다행히 거미처럼 벽에 달라붙었다. 나는 위로 기어 올라갔다.

탁.

누군가 내 발목을 잡았다. 내려다보니 할아버지의 강철 손이 내 발목을 쥐고 있었다.

"넌 누구냐?"

할아버지의 입은 움직이지 않았지만, 목소리가 머릿속으로 들려왔다. 분명히 뇌파로 목소리를 전달하고 있었다.

순간, 나는 기운이 빠지면서 바닥으로 '쿵' 하고 떨어졌다.

"대체 넌 누구지? 어떻게 텔레파시 초능력을 갖고 있는 거지?"

할아버지는 두 눈으로 내 눈동자를 들여다봤다. 마치 내 뇌를 통째로 열어 보는 기분이 들었다.

"넌 돌연변이냐?"

"아, 아니에요. 저…… 저는 유식이에요."

나는 덜덜 떨면서 간신히 말했다. 할아버지는 나를 노려보고 있다가는 "우하하하!" 하면서 목젖이 보일 정도로 크게 웃었다. 나는 그때 할아버지의 발목을 볼 수 있었다. 할아버지의 발은 전선과 기계 부품으로 만들어진 로봇 발이었다.

'그렇다면 혹시 사람이 아니라 로봇……?'

"으하하하!"

할아버지는 내 마음속을 들여다봤는지 하늘을 바라보며 크게 웃을 뿐이었다. 한참을 웃던 할아버지는 미소를 지으며 내게 강철 손을 내밀었다. 나는 할아버지의 손을 잡고 자리에서 일어났다.

"나쁜 녀석은 아니로구나. 좋았어. 언제 한번 내 연구실로 오너라."

할아버지는 명함을 주었다. 그 명함에는 〈닥터 S의 사이보그 연구소〉라고 써 있었고, 뒷면에 약도가 그려져 있었다. 할아버지는 수레를 끌고 사라졌다. 할아버지가 사라진 후에도 할아버지의 웃음소리가 계속 들리는 듯했다.

나쁜 사람 같지는 않았다. 마음속을 들여다보면 사람마다 다른 빛깔이 보인다. 나쁜 사람일수록 검은빛이 짙고, 착한 사람일수록 흰빛과 초록빛이 많이 나온다. 할아버지는 검은 빛이 있긴 했지만, 초록빛과 흰빛도 많았다.

나는 다음에 꼭 연구소에 찾아가 봐야겠다고 생각했다. 어쩌면 별똥별의 초능력에 대해 더 자세히 알 수 있을지도 모른다는 생각이 들었기 때문이다.

나는 부리나케 집으로 달려갔다. 그러자 자욱한 탄내가 코를 쿡 찔렀다. 나는 코를 틀어막으며 소리쳤다.

"아빠, 탄 냄새가 나!"

"당연하지, 빵이 탔으니까."

"이번엔 빵이야?"

아빠가 구운 빵은 숯처럼 새까맣게 변해 있었다. 나는 빵을 젓가락으로 쿡쿡 찔러 보았다. 그러자 시커먼 빵이 툭툭 가루가 되어 부서졌다.

"아빠, 빵이 타면 왜 시커멓게 변해?"

"음식물 속에는 탄소라는 원자가 들어 있기 때문에 그렇지."

"원자?"

"원자는 물질을 이루는 작은 알갱이야. 원자들은 저마다 성질이 다르지."

나는 갑자기 궁금한 게 생겼다.

"분자는 들어 봤는데, 원자랑 분자는 어떻게 다른 거예요?"

"다르기도 하고, 같기도 하고!"

"그게 무슨 뜻이에요?"

난 호기심에 눈을 깜빡거렸다.

원자와 분자는 어떻게 다른 걸까?

모든 물질은 원자로도 만들어졌지만, 분자로도 만들어졌다. 물은 물 분자로 만들어졌고, 고무는 고무 분자로 만들어졌다.

물 분자는 엄청나게 작다. 물 분자가 탁구공 정도의 크기라면, 탁구공은 지구 크기 정도 된다.

그런데 원자와 분자가 어떻게 다른 것이냐 하면, 원자는 물질의 성질을 갖고 있지 않고, 분자는 물질의 성질을 갖고 있다는 것이라고 한다. 좀 어렵다.

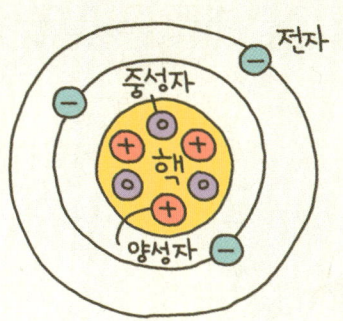

 쉽게 설명하면 원자는 세상에서 가장 작은 알갱이다. 그래서 원자는 물질의 성질을 가지고 있지 않다고 한다. 예를 들어, 물을 쪼개고 쪼개면 산소 원자 1개와 수소 원자 2개만 남는다. 산소 원자나 수소 원자의 성질은 물의 성질과는 아주 다르다. 그래서 원자는 물질의 성질을 갖고 있지 않다는 거다.
 하지만 분자는 물질의 성질을 갖고 있다. 원자가 결합해서 물의 성질을 가진 알갱이가 되면, 분자가 되는 거다. 다시 말하자면, 물질의 성질을 가진 가장 작은 알갱이가 분자다.
 그러니까 분자는 원자보다 큰 것이다. 원자가 모여서 분자가 되는 거니까.
 원자는 같은 원자끼리 붙어 있기도 하고, 다른 원자와 붙어 있기도 하다. 그렇게 하면서 분자가 되어 물질의 특성을 갖게 되는 것이다.

"아하, 그런 거였구나. 그런데, 아빠, 모든 물질이 원자로 이루어져 있다면 물도 원자로 이루어졌을 거 아니에요? 그런데 물은 열을 가하면 시커멓게 타는 대신 부글부글 끓어오르잖아요. 물은 왜 숯처럼 타지 않는 거예요?"

내 질문에 아빠는 껄껄 웃었다.

"가열한다는 것과 탄다는 것은 다른 이야기란다. 가열한다고 해서 모든 물질이 다 타는 것은 아니야."

아빠는 다시 빵을 반죽해야겠다며 밀가루를 꺼냈다. 아빠는 밀가루에 설탕과 버터를 아주 신중하게 섞었다. 설탕과 버터의 비율이 잘 맞아야 맛있는 빵을 만들 수 있다며 저울에다 일일이 무게를 재어 보기까지 했다.

"유식아, 이러니까 아빠가 꼭 연금술사 같지 않니?"

"연금술이랑 빵 만드는 거랑은 전혀 관계가 없는 것 같은데요?"

나는 시큰둥하게 대꾸했다. 하지만 아빠는 이미 자아도취되어 있는 상태였다.

"관계가 없긴, 비금속을 금속으로 만드는 연금술사나 가루를 먹을 수 있는 형태의 고체로 만드는 요리사나 비슷해 보이지 않아?"

'아빠, 가루도 고체거든요.'

나는 이렇게 아는 체를 하고 싶었지만 더 이상 대꾸하지 않았다. 그때였다. 엄마가 "으, 탄 냄새!"라며 현관문을 열고 들

어왔다.

"이게 무슨 냄새야?"

부엌으로 들어온 엄마는 새까맣게 탄 빵을 보고 입을 쩍 벌렸다.

"아빠가 연금술사가 되고 싶었대요."

빵이 타 버렸다는 건 안타까운 일이지만, 그걸 먹지 않아도 된다는 것은 감사한 일이기도 했다.

"연금술사라…… 어울리는데? 요리 기술은 연금술에서부터 발전했다고도 할 수 있거든. 연금술사들이 연기와 불, 증기를 이용해서 비금속을 녹이고, 틀에 담아 굳히고, 금속으로 만들어 내는 것처럼 요리사들도 연기와 불, 증기로 맛있는 요리를 만들어 내잖아."

엄마와 아빠가 서로 부부라는 걸 깜빡했다.

둘은 가끔 전혀 이해하지 못할 부분에서 죽이 척척 맞는다. 이를테면 자식들은 어려서부터 집안일을 시켜야 한다든지, 공부를 못하는 아이에겐 공부를 강조할 필요가 없다는 식의 엉뚱한 교육 철학, 또는 편식을 할 때는 질릴 때까지 좋아하는 음식을 먹여야 한다는 식의 생각 같은 것들이 그렇다. 덕분에 나는 불행하게도 늘 엉뚱한 상황에서 두 명의 공격수와 맞닥뜨려야만 한다.

"여보, 빵이 다 타서 속상하죠? 잠깐 쉬고 계세요. 내가 엄청나게 맛있는 요리를 해 줄 테니까."

엄마는 눈웃음을 치며 말했다. 아빠는 얼떨결에 그러라고 하고 부엌에서 거실로 나왔다. 그 순간, 나는 엄마의 속마음을 읽어 버렸다.

 '제발 좀 나가라고! 이 엉망진창이 된 부엌을 치우려면 사흘 밤낮을 새도 모자라겠어! 웬수야!'

 나도 모르게 '큭' 하고 웃음이 터져 나왔다.

 엄마가 냉장고 문을 활짝 열고서 남은 재료가 무엇인지 살펴보았다. 아빠의 기발한 요리(?)를 위해 쓰이느라고 냉장고 속의 음식들은 거의 바닥이 난 상태였다.

 "요리 재료라곤 달걀밖에 없네."

 엄마는 고민하다가 스크램블드에그를 만들어야겠다고 중얼거렸다. 나는 안도의 한숨을 내쉬었다.

 '오늘도 아빠 요리를 먹게 될까 봐 울고 싶었어!'

엄마가 산더미처럼 쌓인 음식들을 한쪽으로 휙 치워놓고, 스크램블드에그를 만들 준비를 했다. 그런데 소파에 앉아 텔레비전 채널을 만지작거리던 아빠가 벌떡 일어나 부엌으로 달려왔다.

"아무리 생각해도 안 되겠어. 하던 요리를 계속해야겠어."

그 말에 엄마의 눈이 순간 번뜩거렸다. 하지만 엄마는 애써 날카로운 눈빛을 감추고 웃음을 지으며 말했다.

"여보, 좀, 쉬, 어, 요!"

"하지만……."

아빠가 또 말대꾸를 하려고 하자, 엄마가 달걀 하나를 높이 쳐들었다. 엄마는 달걀을 주먹으로 꼭 움켜쥐었다. 나는 속으로 약한 달걀이 깨져 버리기라도 하면 어떻게 하나 걱정이 됐다.

'안 돼, 저 달걀은 몇 주 만에 먹어 보는 정상적인 먹거리란 말이지!'

나는 조마조마한 눈빛으로 달

걀과 엄마의 손을 번갈아 보았다. 엄마는 손에 힘줄이 불끈 튀어나올 정도로 달걀을 세게 움켜쥐었다. 하지만 이상하게도 달걀은 쉽게 깨지지 않았다. 나는 툭 내리치기만 해도 깨지는 달걀이 어째서 깨어지지 않는 것인지 궁금해졌다.

"호호호, 유식아, 엄만 그렇게 힘 준 적이 없어."

엄마가 변명했다.

"거짓말, 엄마 팔뚝의 힘줄이 불끈 튀어 나오는 걸 봤어요. 그건 엄마가 내 머리통을 쥐어박을 때처럼 힘을 주고 있다는 증거라고요."

"엄마가 언제 힘을 줬다고 그래."

엄마가 이를 악물며 쏘아붙였다. 그러자 아빠가 눈치 없이 불쑥 끼어들었다.

"둘 중 하나겠지. 당신이 정말 힘을 안 줬거나, 달걀이 충격에 아주 강하거나. 아빠 생각엔 후자일 것 같구나."

"달걀은 약하잖아요."

"달걀이 약하다고? 누가 그런 소릴 해?"

아빠는 달걀 속에는 놀라운 비밀이 숨어 있다고 했다.

달걀은 타원형으로 외부 충격을 잘 받지 않고 공처럼 잘 굴러가는 것을 막도록 설계되어 있다는 것이다.

"네가 아무리 세게 움켜쥐어도 달걀이 깨지지 않을걸."

"정말요?"

"달걀은 외형이 힘을 골고루 나누어 받을 수 있는 구조로 생겼어. 달걀의 길게 누운 모습은 타원형에 가깝고 세운 모습은 아치형이지. 아치형은 무게를 지탱해 주는 지점들이 셀 수 없이 많아서 무겁고 큰 구조물의 기둥으로 사용된단다."

생각해 보니 사회 책에서 보았던 로마의 수도교나 돔 구조물, 이슬람 사원 등이 모두 달걀의 생김새를 본떠 만든 것이었다.

나이로비-이슬람 사원

로마 수도교

"달걀을 힘주어 깬다는 건 생각처럼 쉬운 일이 아니야. 던지거나, 벽에 툭 부딪혀 깬다거나, 망치 같은 도구로 깬다면 또 모르겠지만."

"와, 생각도 못했어요. 달걀이 그렇게 힘이 세다니."

나는 속으로 달걀의 구조를 이용한다면 어떤 충격에도 다치지 않는 무쇠 같은 몸이 될 수 있을 거라고 생각했다.

그때 어디선가 뭐가 깨지는 소리가 들려왔다.

퍽!

엄마가 움켜쥐고 있던 달걀이 아빠를 향해 날아갔다. 순식간에 아빠의 옷은 계란 노른자로 범벅이 되고 말았다.

"당장 나가요! 다신 부엌에 들어올 생각도 말아요."

며칠 동안 꾹꾹 눌러 참고 있던 엄마가 드디어 폭발해 버리고

만 것이다. 나는 얼른 이 틈에 빠져나가야겠다고 생각했다. 그렇지 않았다가는 나한테도 불똥이 튈 것이다.

"아빠, 난 갑자기 약속이 생긴 것 같아."

"무슨 약속!"

"희, 희주가 같이 숙제 하자고 했던 걸 깜빡했네."

나는 부랴부랴 바깥으로 튀어나갔다. 집 안에 있다간 어떤 날벼락을 맞게 될지 모르는 일이다. 이럴 때는 무조건 피해 주는 게 상책!

나는 겉옷도 걸치지 않고 무작정 집에서 뛰쳐나와 버렸다. 그렇게 얼마나 걸었을까. 어느새 낯선 골목이 나타났다.

"칫, 아빠 때문에 괜히 나만 이게 무슨 꼴이야."

나는 주머니에 손을 넣고서 터덜터덜 걸었다. 바로 그때였다. 골목길에서 놀던 꼬마 아이들의 머리 위로 화분이 떨어져 내리려고 하고 있었다. 나는 재빨리 빨간 내복으로 변신했다. 하지만 너무 급하게 나온 터라 얼굴을 가릴 만한 게 없었다. 영웅의 얼굴을 그대로 보여 줄 수는 없는 법!

나는 주위를 두리번거리다가 비닐봉지를 주워 들어 뒤집어 썼다.

그러고는 잽싸게 아이들을 향해 뛰어갔다.

"얘들아, 위험해!"

나는 순간적으로 아이들을 감싸 안았다. 그리고 재빨리 등을 달걀처럼 아치형으로 만들었다.

투욱!

화분이 내 등짝에 떨어져 산산조각이 났다. 하지만 신기하게도 내 등은 멀쩡했다.

"와, 달걀의 원리를 이용했더니 천하무적이 됐네!"

나는 신기해서 소리쳤다. 그때 내 품에 안겼던 아이들이 고개를 들어 쳐다보며 물었다.

"누구세요?"

"뭐 하는 사람이에요?"

"비닐봉지를 쓴 괴물인 것 같은데?"

나는 잠시 머뭇거리다가 말했다.

"괴물이라니! 난 정의의 용사 빨간 내복이야."

"빨간…… 내복?"

아이들이 두 눈을 동그랗게 떴다. 나는 그런 아이들을 뒤로 한 채 킥킥거리며 큰 길을 향해 뛰어갔다.

큰길가에 있는 J은행 앞에 이르렀을 때였다. 은행 주변에 경찰들이 잔뜩 늘어서 있는 게 보였다. 은행 앞에는 예금을 찾으려고 사람들이 길게 줄을 서 있었다. 강도가 돈을 훔쳐 가기 전에 자기 돈을 미리 찾아 두려는 사람들이었다.

"안심하십시오, 우리가 지키고 있는 한 이 은행만큼은 안전할 겁니다."

은행의 보안 책임자가 사람들에게 소리쳤다.

그 순간 어디선가 목소리가 들려왔다.

'안전하다고? 지금 너희는 돈을 도둑맞게 될 것도 모르고 있잖아.'

익숙한 목소리, 바로 은행 강도인 초능력자의 목소리였다!

나는 주위를 두리번거렸다.

'어리석은 녀석들, 지금부터 내가 너희 돈을 전부 훔쳐 주마.'

또 목소리가 들려왔다.

나는 보안 책임자의 팔을 붙잡으며 외쳤다.

"아저씨, 강도가 나타났어요!"

"뭐?"

내 말에 사람들이 술렁거리기 시작했다. 보안 책임자는 당황한 듯한 얼굴로 나를 밀쳐 냈다.

"강도라니! 여긴 개미 새끼 한 마리 얼씬 못 해!"

"잘 찾아봐요, 돈을 들고 도망가려고 해요!"

나는 다급히 외쳤다.

'흐흐흐, 멍청한 녀석들. 계속해서 빈 껍데기만 지키고 있으라지!'

나는 사거리 횡단보도를 가로질러 사라지는 남자의 뒷모습을 발견했다.

"저 남자예요! 저 남자가 돈을 훔쳤어요!"

나는 있는 힘껏 소리쳤다.

"너, 도둑이 어디 있다는 거냐?"

보안 책임자가 버럭 화를 냈다. 나는 못 믿겠으면 은행 안을 확인해 보라고 말했다. 보안 책임자는 나를 밀치고 은행 안으로 들어갔다. 순간, 보안 책임자의 얼굴이 새파래졌다. 은행 금고 안에 넣어 둔 예금이 모조리 사라지고 없었던 것이다. 그 사이, 나는 낯선 남자를 뒤쫓아 갔다. 남자의 모습은 온데간데없었다.

"그 남자, 그 까만 모자를 쓴 남자가 범인이야!"

내가 발을 동동 구르고 있을 때였다. 경찰 아저씨들이 내게 달려와서 은행 강도를 보았느냐고 물었다.

"내 눈으로 똑똑히 봤어요."

나는 경찰 아저씨들에게 까만 모자를 눌러 쓴 투명 인간처럼 생긴 남자의 모습을 그려 주었다. 그러자 경찰 아저씨들의 표정이 딱딱하게 굳어 버렸다.

"꼬마야, 너 지금 우리한테 장난치는 거지?"

"정말이에요."

"네가 어떻게 강도가 들었다는 걸 알게 됐는지 말해 보렴."

"그 남자의 마음을 읽었어요."

"그 남자?"

"은행 강도 말이에요!"

경찰은 내 말에 피식 코웃음을 쳤다.

"그래, 이번엔 그 남자가 투명 인간처럼 사라져 버렸다고 할 테냐? 왜, 그 남자가 우주에서 온 괴물이라고도 하지 그러냐."

"어쩌면 그럴지도 몰라요!"

"우리는 바쁘니까 썩 저리 가!"

경찰 아저씨가 나를 툭 밀어내 버렸다. 나는 억울하고 분해서 참을 수가 없었다. 괴상망측한 은행 강도를 무슨 수를 써서든 내 손으로 잡고 싶다고 생각했다. 그래서 내 말이 모두 사실임을 증명해야겠다는 생각만 머릿속을 맴돌았다.

'두고 봐! 내가 그놈을 반드시 붙잡을 테니까.'

나는 한참 만에 집으로 돌아갔다.

"다녀왔습니다."

인사를 하고 들어왔지만, 집 안은 고요하기만 했다. 나는 아빠를 찾아 기웃거렸다.

"유식이 왔니?"

아빠는 세탁실에서 나오면서 힘없이 대꾸했다.

나는 망설이다가 아빠에게 부탁했다.

"아빠, 요리 좀 해 주세요. 배가 고파서 뭐든 맛있게 먹을 수 있을 것 같아요."

순간, 아빠가 이를 번쩍이며 씩 웃었다.

"기다려, 내가 둘이 먹다가 하나가 죽어도 모를 정도로 기가 막힌 음식을 만들어 줄 테니! 아빠가 새로 개발한 메뉴란다. 바로 고추장 국에 낙지 고추냉이 볶음밥!"

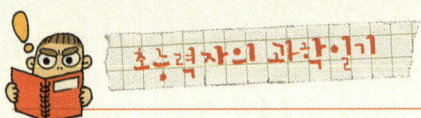

세상은 어떤 것으로 만들어졌을까?

세상의 모든 물질은 원자들로 이뤄졌다.

책상을 쪼개고, 쪼개고, 쪼개고, 또 쪼개면 나중에는 더 이상 쪼개지지 않을 만큼 아주 작은 알갱이가 남을 것이다. 그 알갱이는 아주 작아서 눈에 보이지도 않고, 만질 수도 없을 거다.

이렇게 더 이상 쪼개지지 않는 작은 알갱이를 바로 '원자'라고 부른다.

이 세상의 모든 물질은 바로 이 원자가 모여서 이뤄진 거라고 한다. 책상, 침대, 강아지, 사람, 지구 등 모든 것은 다 원자로 만들어졌다.

아주 까마득한 옛날, 그러니까 기원전 5세기쯤에 그리스에 데모크리토스라는 철학자가 살았다. 이 철학자는 물질을 계속 쪼개다가 보면 결국 나중에는 쪼개지지 않는 알갱이가 남을 거라고 상상했다. 직접 해 본 건 아니고, 상상으로 한 거다. 데모크리토스는 이 알갱이를 아토모스라고 불렀다. 아토모스가 오늘날 아톰이 된 거다. 원자를 영어로는 아톰이라고 한다.

원자는 어떻게 물질이 될까?

물과 과산화수소는 똑같이 산소 원자와 수소 원자가 모여서 된 것이다. 그러나 원자의 개수가 달라 다른 물질이 됐다.

일산화탄소와 이산화탄소는 산소 원자와 탄소 원자가 모여서 된 것이지만, 원자의 개수가 달라 서로 다른 물질이다.

원자가 모이면 분자가 된다. 어떤 원자가 모이느냐에 따라 다른 물질이 된다고 한다. 산소 원자 1개와 수소 원자 2개가 모이면 물이 된다. 산소 원자 2개와 수소 원자 2개가 모이면 과산화수소라는 물질이 된다.

산소 원자 1개와 탄소 원자 1개가 모이면 일산화탄소가 된다. 그렇지만, 산소 원자 2개와 탄소 원자 1개가 모이면 이산화탄소가 되는 것이다.

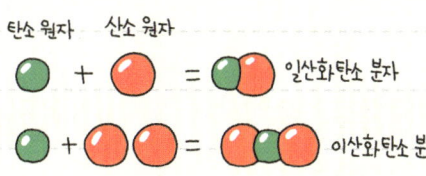

열두 번째 사건

'열'의 비밀을 깨닫다!

은행 강도 때문에 온 나라가 발칵 뒤집혔다. 은행 강도에게 털린 돈만 해도 수십 억 원이다. 텔레비전에서는 계속 은행 강도에 대한 뉴스가 나온다. 하지만 경찰은 귀신에 홀린 듯 범인을 잡지 못하고 있다.

어른이고 아이고 두서넛만 모였다 하면 신출귀몰한 유령 은행 강도에 대해 얘기했다. 나는 주머니에 손을 넣은 채 사람들 사이를 기웃거렸다. 뭔가 새로운 소식이 있는지 알아보려고 그런 것이었다.

"이대로 가다가는 은행들이 모두 문을 닫겠어."

"어떤 은행에서는 아예 인터넷으로만 뱅킹을 한대."

사람들은 자신의 예금도 도둑맞은 게 아닐까 하고 불안해했다. 나는 그런 얘기를 들을 때마다 주먹이 불끈 쥐어졌다.

내가 가진 초능력으로 정말 강도를 잡을 수 있을까? 내가 귀신처럼 벽을 들락거리는 강도와 대결할 수 있을까? 만약 내가 강도를 잡는다면 어떻게 될까?

상상만 해도 짜릿한 기분이 든다. 경찰도 잡지 못하는 범인을 내가 잡다니!

엄마 아빠는 얼마나 놀랄까? 선생님과 우리 반 친구들 표정은 어떨까? 내 사랑 희주는 내게 하트를 뿅뿅 날릴 거야!

여기까지 상상을 했다가 나는 갑자기 기운이 쑥 빠졌다. 바람 빠지는 공기 인형처럼 축 늘어졌다.

아무래도 사람들은 나를 좋아할 것 같지가 않았다. 어쩌면 괴물 취급할 수도 있다. 사람들은 자기 속마음을 내가 들을까 봐 내 곁에 오려고 하지 않을 것이다. 희주는 무서워서 날 멀리할지도 모른다. 엄마 아빠는 나를 정상적인 아이로 돌려놓겠다며 병원에 입원시킬 수도 있고, 국가 비밀 실험 기관에서 나를 잡아가 원숭이처럼 실험할 수도 있다.

"으악!"

초능력자 슈퍼 히어로라고 행복해지라는 법은 없다. 그러니까 나는 반드시 내 정체를 숨겨야만 한다. 빨간 내복으로 내 몸과 얼굴을 꽁꽁 싸매고 비밀리에 나타났다가 강도를 잡아 경찰에 넘긴 후에 연기처럼 사라져야겠다.

'아하, 그래서 스파이더맨과 배트맨, 슈퍼맨은 모두 자신의 정체를 숨기는 거구나.'

난 그제야 슈퍼 히어로들이 자신의 정체를 밝히지 않는 이유를 알게 됐다.

나는 은행 주변을 돌아다니면서 안테나처럼 신경을 곤두세우고 다른 사람들의 마음을 엿보기 시작했다. 만약 은행 주변에 범인이 있다면 알아낼 수 있을 테니까.

'두고 봐, 내가 반드시 잡고 말 테니까.'

나는 그렇게 주먹을 꼭 쥐고 결심했다. 그때였다.
'두고 봐, 내가 반드시 잡고 말 테니까.'
어디선가 나와 똑같은 것을 생각하고 있는 사람이 있었다. 나는 고개를 두리번거렸다. 길 건너에 서 있는 차 안에 수염 덥수룩한 남자가 앉아 있었다.
나는 고개를 쭉 내밀고서 남자를 살펴보았다. 처음에는 수염이 하도 지저분하게 나 있어서 누군지 알아보기가 힘들었지만, 자세히 살펴보니 본 적이 있는 얼굴이었다.
'강력 1반 특수형사 오금순 아저씨잖아. 형사인데 어쩜 개그맨처럼 웃기게 생겼는지 몰라.'

나는 초능력으로 아저씨의 마음을 엿봤다.

'벌써 잠복 일주일짼데 개미 새끼 한 마리 얼씬하지 않다니. 이 은행은 안전할까? 다른 은행을 지켰어야 하나?'

'형사 아저씨라면 뭔가 특별한 정보를 가지고 있을지도 몰라.'

나는 형사 아저씨에게 도둑에 관한 정보를 묻고 싶었다. 하지만 지난번처럼 꿈을 꾸는 게 아니냐는 둥 헛소리를 할 거면 집에 가서 잠이나 자라는 둥 속상한 말을 들을까 봐 겁이 났다. 어른들은 내 말을 도통 믿으려고 하지 않으니까.

'그래, 나 같아도 무작정 초능력에 대해 이야기하면 믿지 못할 거야. 천천히 다가가서 조심스럽게 비밀을 밝혀내자.'

나는 정신을 집중하고 돋보기를 대듯 형사 아저씨의 마음을 다시 들여다봤다.

'아, 배고프고 졸리다. 정신이 번쩍 드는 그런 음식은 없나?'

순간 아빠의 음식이 떠올랐다.

아빠는 수험생들에게 잠을 깨는 특효 음식으로 팔고 싶다며 '매운 낙지 고추냉이 볶음밥'을 만들었다. 그것은 한입만 먹어도 입에서 불이 나고, 눈에서 레이저가 쏘아져 나올 정도로 매운 음식이었다.

'형사 아저씨가 매운 걸 좋아하려나······.'

나는 부랴부랴 집으로 뛰어갔다.

마침 아빠는 부엌에서 설거지를 하고 있었다. 나는 냉장고 문을 열어젖히며 물었다.

"아빠, 엊그제 만든 그 요리 있잖아, 매운 낙지 고추냉이 볶음밥 말이야."

"그게 왜?"

"먹고 싶다는 손님이 있어."

"정말이야?"

아빠가 휙 뒤돌아보며 물었다. 고무장갑에서 물이 뚝뚝 떨어졌지만 아빠는 아랑곳하지 않았다.

"어떤 사람이 정신이 번쩍 드는 요리가 먹고 싶대. 그런 게 필요하대. 얼굴은 약간 웃기게 생겼는데, 그래도 정의로운 사람이야."

"오, 아빠의 첫 번째 손님이로구나!"

아빠는 고무장갑을 벗어던지더니 후다닥 냉장고 앞으로 달려가 재료를 꺼내기 시작했다. 거짓말을 조금만 보태면 정말 빛보다 빠른 속도 같았다. 아빠는 눈 깜짝할 사이에 요리를 만들어 냈다.

초록색 고추냉이 냄새가 코를 콕 찔렀다. 냄새만 맡아도 눈물이 날 것 같았다. 아빠는 그 요리를 정성스럽게 준비했다.

"갖다 줘도 돼?"

"그래, 아빠도 같이 가자."

"아빠가?"

나는 눈을 끔뻑거렸다.

"아빠의 요리를 직접 먹고 싶다고 말한 첫 번째 손님이야. 아빠한테는 정말 소중한 사람인 거지."

나는 잠시 머뭇거렸다.

확실히 형사 아저씨가 정신이 번쩍 들 정도로 매운 요리를 먹고 싶다는 생각을 하긴 했지만, 이 맛을 좋아할까 하는 의심이 들었던 것이다. 하지만 희망에 찬 표정으로 눈을 반짝반짝 빛내는 아빠를 실망시킬 수는 없었다.

"그 아저씬 형사야. 강력 1반 특수형사 오금순. 은행 강도를 잡기 위해 잠복근무 중이시지."

"그래? 서비스로 더 맛있는 요리를 대접해야겠군!"

아빠는 어딘지도 모르면서 앞장서 걸었다.

나는 은행 앞에 잠복하고 있는 형사 아저씨의 차가 있는 곳으로 걸어갔다. 형사 아저씨는 피로에 지친 듯 시뻘건 눈으로 은행을 노려보고 있었다. 나는 조심스럽게 차 창문을 두드렸다.

"뭡니까?"

형사 아저씨가 유리창을 내리더니 퉁명스럽게 물었다.

"그게……."

나는 어떻게 된 일인지 최대한 자연스럽게 설명해 보려고 머리를 굴렸다. 아저씨의 속마음을 읽었다고 하면 어떤 반응을 보일까.

"오금순 형사님, 정말 매운 요리가 먹고 싶다셨다면서요? 그래서 배달 왔습니다!"

"흠, 우리 마누라가 그새 배달 음식점에 전화를 했나 보군."

의외로 일이 쉽게 풀렸다. 형사 아저씨는 별 의심 없이 아빠의 음식을 받아 들었다. 아빠는 잔뜩 기대에 찬 눈으로 형사 아저씨가 첫 숟가락을 뜨기만을 기다렸다. 그러자 음식을 든 형사 아저씨가 족제비처럼 쭉 찢어진 눈을 힐끗거리며 물었다.

"안 가시오?"

"고객님은 제 첫 손님입니다. 음식을 시식하시는 영광스러운 순간을 지켜볼 수 있게 해 주세요."

"그러시든지."

형사 아저씨는 무심한 표정으로 숟가락을 치켜들었다. 그리고 잠시 후 아저씨는 눈물을 흘리기 시작했다.

"맛이 그렇게 감동적이신가요?"

아빠는 감격스러운 목소리로 물었다. 형사 아저씨가 목을 움켜쥐며 소리쳤다.

"무―울!"

아빠는 당연히 준비해 온 요거트 주스를 내밀었다.

"매울 땐 이게 최고예요. 두 개를 번갈아 먹어 보세요."

형사 아저씨는 고분고분 아빠가 시키는 대로 했다. 형사 아저씨의 이마에서는 땀이 뻘뻘 흘러내렸고, 얼굴도 소화기처럼

시뻘겋게 달아올랐다. 하지만 아저씨는 계속해서 음식을 퍼먹었다. 눈물까지 흘려 가면서.

"내 평생, 아, 매워! 이렇게 맛있게 매운 음식은, 아이고, 나 죽네, 처음이요! 당신은 정말 대단한 요리사인 것 같소!"

"아저씨, 땀 나요."

"그래, 나도 알아."

형사 아저씨는 땀을 비 오듯 흘렸다.

"매운 음식을 먹는데 왜 땀이 나요?"

내가 불쑥 물었다.

"그건 매운 맛을 느끼는 세포가 통각 세포이기 때문이야. 통각 세포는 다쳤을 때 통증을 느끼게 해 주는 세포지."

"그런 세포가 맛을 느끼게 한다고요?"

"지나치게 매운 맛은 통증을 느끼게 해. 매운 걸 먹으면 처음에는 맵다는 맛이 느껴지지만 나중엔 입 안이 얼얼하기만 하잖아. 그건 세포가 손상되어 통증을 느끼게 되는 거야. 우리

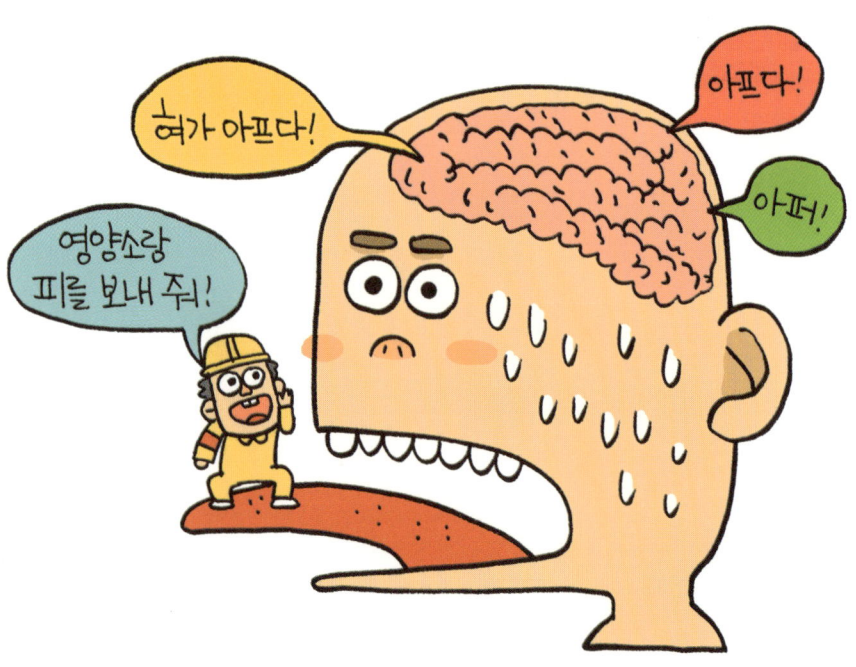

몸은 그걸 복구하려고 영양소와 피를 다친 세포 쪽으로 보내지. 그러면 피부의 온도가 올라가고, 땀도 흐르게 되어 있어."

아빠가 설명을 해 주고 있는데, 엄마한테서 전화가 왔다. 아빠는 화들짝 놀란 표정으로 전화를 받더니 "지금 갈게!"라며 집으로 달려갔다. 아마 엄마가 요리를 하느라고 엉망으로 만들어 버리고 설거지도 하다 만 부엌을 보고 신경질을 낸 모양이었다.

그러는 사이, 형사 아저씨는 낙지 고추냉이 볶음밥을 계속해서 먹고 또 먹었다. 나는 차 문을 똑똑 두드렸다.

"왜?"

"그릇은 찾아가야죠."

"그래? 잠깐만 기다려."

아저씨는 차에 타라는 손짓을 하며 문을 열어 주었다. 나는 보조 좌석에 앉은 채로 형사 아저씨에게 은행 강도에 대해서 어떻게 말을 꺼내면 좋을까 하고 궁리했다.

"빨간 내복이라······."

오금순 형사 아저씨가 중얼거렸다. 난 너무 놀라 눈이 튀어나올 정도였다. 형사 아저씨는 수첩에 빨간 내복이라 적으면서 동그라미를 몇 번이고 그렸다.

"빨…… 빨간 내복이 왜요?"

나는 떨리는 목소리로 물었다.

"너도 빨간 내복을 아니?"

"아…… 네…… 소문으로 들었어요. 텔레비전 방송에도 나왔잖아요."

"그렇지. 지난번 화재 사건이 일어났을 때 CCTV에 찍혔었지. 빨간 내복을 입고 화재 속에서 초인적인 힘으로 사람을 구했다고 빨간 내복이라고 하지. 나는 혹시 범인과 그 빨간 내복이 무슨 연관이 있는 게 아닌가 싶어."

"네? 빨간 내복이 은행 강도라고요?"

"음…… 내가 왜 그런 추측을 하냐 하면, 두 사건 모두 보통 사람의 능력으로는 불가능하니까. 이건 초능력의 수준이지. 아, 초등학생에게 무슨 말을 하는 거지? 얘야, 잊어버려라."

"아, 네. 그럴게요. 전 아무것도 몰라요."

그렇게 말했지만, 손끝이 덜덜 떨리면서 온몸이 얼음처럼 굳어졌다. 내가 은행털이범과 관련이 있다니! 잘못하면 내가 범인으로 몰리는 것은 아닐까?

"호오~오!"

아저씨는 입 안이 얼얼하고 따가운 듯 계속해서 입김을 불어댔다. 그 입김 때문이었을까. 형사 아저씨가 탄 자동차 유리가 뿌옇게 흐려졌다.

"아저씨, 유리에 김이 서렸어요."

"어, 그래."

형사 아저씨는 에어컨 버튼을 눌렀다.

"왜 에어컨 버튼을 누르는 거예요?"

"수증기가 응결했으니까, 차 안의 온도를 낮추어 주려는 거지."

형사 아저씨는 창문에 김이 서리는 건 차 안의 온도가 바깥보다 높기 때문이라고 말했다.

"차가운 물을 담은 컵 표면에 물방울이 맺히는 걸 본 적이 있지? 따뜻한 바깥쪽에 있는 수증기가 차가운 컵 표면에서 응결하여 물방울이 맺히는 거지. 마찬가지야. 바깥이 더 추워지면, 따뜻한 차 안에 수증기가 맺히는 거란다."

"저런 김을 없애는 방법이 에어컨을 틀어서 차 안의 온도를 낮추는 방법밖에 없나요?"

"하나 더 있지. 바깥의 공기를 차 안의 공기만큼 따뜻하게 데우면 되지. 하지만 내가 이 넓은 곳의 공기를 데울 수는 없잖아. 그러니까 내가 있는 곳의 온도를 밖의 온도만큼 낮추는 수

밖에."

형사 아저씨는 몸을 덜덜 떨며 말했다.

그때 갑자기 형사 아저씨의 휴대 전화 벨이 울렸다.

"여보세요. 응, 그래. 밥 먹었지. 당신이 배달시켜 준 밥. 아직도 혀가 얼얼하군."

난 가슴이 뜨끔했다. 형사 아저씨의 아내가 전화를 건 모양

이었다.

"뭐라고? 당신이 식사를 안 시켰다고? 내 이름 오금순도 알던데? 어떻게 된 일이지?"

'어떻게 하지? 나를 수상하게 볼 텐데!'

"어떻게 된 거지? 누가 나한테 밥을 배달시켜 준 거야? 넌 대체 여기 왜 온 거지?"

형사 아저씨는 전화를 끊고 나를 수상쩍은 눈초리로 살펴봤다. 이제 나는 손가락이 아니라 발가락까지 떨리기 시작했다.

"음, 경찰서에서 보내 준 모양이군. 하긴, 내가 요즘 열심히 뛰긴 했지."

휴, 다행이었다. 나는 저절로 한숨이 나왔다. 그러나 형사 아저씨는 다시 나를 수상쩍은 눈초리로 살펴봤다.

"그런데 꼬마야, 너, 나한테 뭔가 할 얘기가 있는 거지?"

"예?"

"숨기려고 해도 소용없어. 난 형사라고. 네 표정만 봐도 척 알 수 있지."

"그게 말이죠……."

나는 잠시 고민하다가 말했다. 빨간 내복이 더는 은행 강도로 오해받는 게 싫었다.

"저, 은행 강도가 누군지 알 수 있어요."

"어떻게?"

"전……."

나는 초능력에 대해 말하려다가 입을 꾹 다물었다. 대신 간절한 표정으로 형사 아저씨를 보며 말했다.

"믿어 주세요."

"알았어. 그러니까 어떻게 은행 강도를 알아볼 수 있는지나 말해."

"아저씬 안 믿고 계시잖아요."

"믿는다니까."

형사 아저씨가 팔을 쫙 벌리면서 말했다.

'탐정 놀이를 좋아하는 아인가 보군. 귀찮아…….'

아저씨는 속으로 이렇게 중얼거렸다. 나는 기분이 팍 상해 버렸다.

"귀찮게 해서 죄송해요. 하지만 전 탐정 놀이 따위는 좋아하지도 않는다고요."

내가 퉁명스럽게 쏘아붙였다. 그러자 형사 아저씨의 눈이 휘둥그레졌다.

"너, 내가 속으로 한 말을 어떻게 들었니?"

"무슨 말을 들어요?"

"내가 속으로만 생각한다는 게 그만, 입으로 말해 버렸나? 이래서 잠복을 오래 하면 안 된다니까. 하도 심심하니까 혼잣말을 하는 게 버릇이 돼서 생각을 전부 다 털어놓고 말아."

아저씨는 길게 중얼거리더니 한숨을 푹 내쉬고 나서 큰소리로 말했다.

"됐고, 탐정 놀이는 집에 가서 혼자 해라."

"후회하실 거예요."

나는 퉁명스럽게 형사 아저씨를 노려보며 말했다.

"너, 설마 은행 강도에 대해서 아는 게 있는 건 아니겠지?"

"몰라요."

"말해 봐, 아는 게 뭔지."

"어차피 말해도 안 믿을 거면서."

나는 아저씨의 차바퀴를 발로 뻥 걷어차고서 달아나듯 집으로 돌아갔다.

그날 오후의 일이다. 나는 결코 그날 오후를 잊을 수가 없다. 그날 오후는 내 인생에서 영원히 기억될 것이다.

텔레비전에서 G은행에 또 강도가 들었다는 뉴스 보도가 흘러나왔다. G은행은 형사 아저씨가 잠복근무를 하고 있던 곳이었다.

"오금순 아저씨, 억울해서 땅을 치고 있겠군."

나는 이런 생각을 하며 소파에 발랑 드러누워 뉴스를 보았다. 강도가 활개를 치고 다니는 것이 보도되자 속이 부글부글 끓었다. 그런데 어디선가 코끝이 아릴 정도로 이상한 냄새가 났다. 뒤를 돌아보니 아빠가 부엌에서 청국장을 끓이고 있었다.

"아빠, 냄새가 너무 지독해요."

"나도 이렇게까지 독한 냄새가 날 줄은 몰랐어. 왜 이런 거지?"

아빠는 창문을 활짝 열어젖혔다. 하지만 아무리 환기를 시켜도 냄새가 달아나지를 않았다.

"큰일이다, 네 엄마가 오면 난리가 날 텐데."

아빠는 탈취제를 집 안 곳곳에 뿌려 보았다. 그래도 냄새는 여전했다.

"아빠가 끓인 청국장은 세상에서 가장 지독한 냄새가 나는 것 같아요. 최고야, 최고."

나는 코를 틀어막으며 말했다. 그 순간, 번쩍하고 새로운 아

이디어가 떠올랐다.

'청국장을 이용해 도둑을 잡는 것이다.'

"아빠, 청국장 한 그릇만 싸 주세요."

"왜?"

"아빠가 만든 요리를 꼭 필요로 하는 사람이 있어요."

그 말에 아빠는 부리나케 부엌으로 달려가 청국장을 포장했다. 나는 그것을 들고 재빨리 시내로 뛰어갔다.

냄새는 왜 퍼지는 걸까?

부엌에서 만드는 음식 냄새는 주변으로 퍼져 나간다. 이는 음식 냄새를 가진 분자가 기체 상태로 스스로 운동하여 주변으로 퍼져 나가기 때문이다. 또한 따뜻한 물에 녹차 티백을 담그면 녹찻물이 우러나와 물 전체로 퍼진다. 이 현상도 녹차를 구성하는 분자들이 스스로 운동하여 물 분자 사이로 퍼져 나가기 때문이다. 이와 같이 기체나 액체 속에서 한곳에 있던 분자들이 스스로 운동하여 고르게 퍼져 나가는 현상을 확산이라 한다.

향수 냄새나 고기 굽는 냄새가 방 안 전체로 퍼지는 현상, 냉면에 식초를 넣으면 국물 전체에서 신맛이 나는 현상, 간이화장실 주변에서 암모니아 냄새가 나는 현상 등도 모두 확산 때문에 일어나는 것이다.

확산은 분자가 스스로 운동하여 퍼지는 것이므로 분자의 운동이 활발할수록 빠르게 일어난다. 따라서 온도가 낮은 곳보다는 높은 곳에서, 액체보다는 기체에서 확산은 더 빠르게 일어난다. 또한 확산되는 분자의 질량이 가벼울수록, 확산할 때 다른 분자와 충돌이 적을수록 확산이 빠르게 일어난다.

내가 은행 앞에 도착했을 무렵에는 수십 명의 경찰들이 은행 주변을 에워싸고 있었고, 인상을 잔뜩 찌푸린 형사 아저씨도 서 있었다.

"아저씨! 오금순 아저씨!"

나는 형사 아저씨를 향해 소리쳤다. 아저씨가 나를 알아보고 '귀찮은 탐정 꼬마가 또 나타났군.'이라고 중얼거렸다. 그러거나 말거나 나는 형사 아저씨 옆으로 다가갔다.

"으, 냄새!"

형사 아저씨가 코를 틀어막았다.

"죄송하지만 냄새를 참아 주세요. 이게 범인을 잡을 수 있는 무기니까요."

"무기? 이 탐정 꼬마야, 이건 장난이 아니야! 일주일 사이에 일곱 건이나 털렸어. 젠장, 모든 게 엉망이야! 이대로 가다간 전국에 있는 은행이 다 털릴 거야. 그런데 범인은 단서도 발견할 수가 없고, 현장에선 청국장 무기를 든 꼬마가 설치고 다니고!"

그 순간 내 머릿속으로 거미줄처럼 희미하게 느껴지는 말소리가 들려왔다.

'그래, 하루에 한 건씩, 1년이면 365건의 은행을 터는 거야. 크크크, 이러다간 세상에서 제일가는 부자가 되겠는걸?'

"쉿, 조용히 해요!"

나는 형사 아저씨의 입을 틀어막으며 소리에 집중했다.

'멍청한 경찰들 같으니라고. 크흐흐흐!'

소리는 구경꾼들 사이에서 나는 것이었다. 나는 청국장을 들고서 소리가 나는 쪽으로 다가갔다. 하지만 범인이 어디에 있는지 알 수가 없었다

'어이쿠, 돈이 잔뜩 들어서 그런지 가방이 너무 무겁군! 걷기도 힘들어. 크흐흐!'

범인이 돈다발이 든 짐을 끙끙거리며 들고 가는 목소리가 들려왔다. 나는 큰 짐을 들고 가는 사람이 없는지 살펴보았다.

바로 앞에 네 남자가 짐을 들고 가는 게 보였다. 나는 남자들의 차림을 유심히 살펴보았다. 한 남자는 서류 가방을 들고 있었고, 또 한 남자는 가벼운 등산용 배낭을 메고 있었고, 또 한 남자는 커다란 보따리를 들고 있었고, 나머지 한 남자는 여행용 가방을 들고 있었다.

'은행에서 훔친 돈을 들고 가려면 바퀴가 달린 가방을 이용하는 게 편하겠지?'

나는 여행용 가방을 끌고 가는 남자를 쫓아갔다. 다리가 부들부들 떨렸다. 심장이 두근두근 뛰고 머리카락이 전기에 감

전된 듯 바짝 섰다.

그 남자는 중절모를 눌러 쓰고, 바바리코트를 입은 채로 현장을 힐끗거리며 느릿하게 걸었다.

"저 사람이 틀림없어."

나는 슬금슬금 남자의 가방 옆으로 다가갔다. 남자는 현장을 힐끗거리느라 내가 다가온 것을 미처 모르고 있었다. 나는 재빨리 남자의 가방 지퍼를 내렸다. 순간 엄청난 양의 돈다발이 쏟아져 나왔다.

"우와, 아저씨, 엄청 부자네요!"

나는 있는 힘껏 소리쳤다. 그러자 형사 아저씨가 내 쪽을 향해 고개를 돌렸다. 경찰들 몇 명도 내 쪽을 바라보았다.

"저 남자를 붙잡아! 엄청난 현금을 갖고 있어!"

형사 아저씨가 본능적으로 소리쳤다.

'에잇, 갑자기 가방이 왜 열린 거지? 이렇게 들키긴 했지만 날 붙잡을 순 없을 거다. 왜냐면 내가 도망쳐 버리면 너희들 눈에 보이지 않을 테니까! 낄낄낄.'

중절모를 쓴 남자가 낄낄 웃더니 순식간에 모습을 감춰 버렸다. 순간 형사 아저씨의 눈이 휘둥그레졌다.

"어? 이게 어떻게 된 거지?"

형사 아저씨는 당황해서 어쩔 줄 몰랐다. 하지만 언제까지고 망설이고 서 있을 수만은 없는 노릇이었다.

나는 범인이 사라진 쪽을 향해 청국장 그릇을 던졌다.

'윽, 이게 뭐야!'

강도가 속으로 외치는 소리가 들렸다. 청국장 국물이 옷에 튄 모양이었다.

"탐정 꼬마야, 방금 전까지 있던 그 남자가 어디로 사라진 거냐?"

형사 아저씨가 내게 달려와 물었다. 나는 설명할 시간이 없다며 코를 킁킁거렸다.

"뭘 하는 거야?"

"냄새를 맡는 거예요. 그 강도가 옷을 홀딱 벗고 도망가지

않는 이상, 아니, 옷을 벗고 도망친다고 해도 청국장 냄새가 배어서 틀림없이 찾아낼 수 있을 거예요. 그건 우리 아빠가 만든 지독한 청국장이거든요."

나는 코를 킁킁거리며 냄새를 쫓아갔다. 형사 아저씨도 덩달아 코를 킁킁거렸다.

"무슨 냄새가 나긴 하는 거냐?"

"설명할 순 없지만, 지금 전 경찰견보다 훨씬 뛰어난 후각을 지녔거든요. 그러니까 가능해요."

"냄새란 말이지? 이거 봐, 당장 경찰견을 데려와!"

오금순 아저씨가 다른 형사들에게 명령했다. 나는 기다릴 수가 없어서 냄새가 나는 쪽을 향해 뛰었다. 오금순 아저씨가 따라왔고, 잠시 후 다른 형사 아저씨들이 경찰견들을 끌고 쫓아왔다.

드디어 나와 경찰견들의 합동 수사가 시작됐다. 나와 경찰견들은 코를 킁킁거리며 이곳저곳을 돌아다녔다. 나도 한 마리의 개가 된 기분이었다.

얼마나 수색이 계속된 것일까? 내가 경찰견보다 더 빨리 냄새를 맡았

다. 공원 쪽에서 진한 청국장 냄새가 진동하는 것을 느낄 수 있었다. 나는 조심스럽게 냄새가 나는 쪽을 향해 갔다.

얼마나 갔을까? 분수 쪽에서 냄새가 진동을 했다.

컹컹컹.

경찰견들이 분수 쪽을 향해 짖었다. 남자가 그곳에서 옷에 묻은 청국장 냄새를 지우고 있는 게 틀림없었다. 나는 화장실로 달려가 재빨리 빨간 내복으로 변신해서 나타났다.

'좋아, 각오하라고!'

나는 엄청난 속도로 뛰어가면서 달걀형으로 몸을 말았다.

퍼억!

나는 무언가와 크게 부딪혔다. 내 몸은 달걀형이어서 충격이 전혀 전해지지 않았지만, 상대의 몸은 매우 큰 충격을 입고 분수 속으로 나동그라지고 말았다.

'으악!'

분수 속에서 신음 소리가 들려왔다. 엄청난 충격이었는지 남자는 꼼짝하지 못했다. 나는 재빨리 나무 뒤로 가서 빨간 내복을 벗고 원래대로 돌아왔다. 그제야 형사 아저씨들과 경찰견들이 나타났다. 굼뜨긴!

나는 오금순 아저씨에게 외쳤다.

"분수 속에 범인이 있어요!"

그 순간, 물에 흠뻑 젖은 중절모 차림의 남자가 나타났다. 빨간 내복과 부딪힌 충격 때문에 남자는 정신이 혼미한 듯했다.

"이 사람이 범인이라고?"

뒤늦게 쫓아온 형사 아저씨가 숨을 몰아쉬며 말했다. 나는 고개를 끄덕였다.

"틀림없어요. 아까 빨간 내복이 나타나서 이 사람을 분수에 가두고 사라졌어요."

"빨간 내복?"

"이럴 시간이 없어요. 어서 범인부터 잡으세요!"

"좋아, 꼼짝 마라, 이놈!"

형사 아저씨는 서둘러 남자의 손에 수갑을 채웠다.

"참, 아저씨, 부탁이 하나 있어요. 저 은행 강도의 몸을 수색해서 작은 돌멩이가 있는지 알아봐 주세요."

"돌멩이?"

"코 안에 코딱지처럼 쏙 들어갈 수 있을 만큼 작은 돌멩이에요."

"그래, 나오면 연락해 주마."

나는 기분 좋게 집으로 돌아왔다. 신발장을 보니 엄마와 누나의 신발은 보이지 않았다. 시간이 꽤 늦었는데도 아직도 집에 들어오지 않은 것이다.

"아빠."

나는 부엌으로 가서 아빠를 불렀다. 아빠는 부엌에 앉아 훌쩍이고 있었다.

"네 엄마랑 누나가 냄새난다면서 집에 있기 싫다지 뭐야. 냄새가 빠지기 전엔 집에 들어오지 않을 거래. 유식아, 아빤 왜 이 모양일까. 아빠가 만든 요리는 왜 이렇게 형편없기만 할까?"

아빠의 눈에서 눈물이 또르르 흘러내렸다. 나는 그런 아빠를 향해 말했다.

"아빠의 요리는 대단해!"

"정말?"

"진심으로 그렇게 생각해, 아빠."

나는 속으로 '아빠의 요리 덕분에 은행 강도를 잡았거든요.' 하고 중얼거렸다.

"고맙다, 유식아. 너까지도 아빠를 인정해 주지 않는다면…… 아빤 요리를 포기하려고 했어. 네 덕분에 다시 기운이 났어!"

아빠가 활짝 웃었다.

나도 아빠를 따라 씩 웃었다.

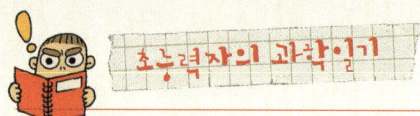

물은 어떻게 모양을 바꾸는 걸까?

공기 중에 있는 수증기는 차가운 유리컵을 만나면 물방울로 변하고, 단단한 아이스크림은 녹아서 물처럼 변하기도 한다. 수증기는 왜 물방울로 변하고 아이스크림은 왜 녹는 걸까? 수증기가 물방울로 변하면 다른 물질이 되는 걸까?

이것은 물질의 상태 변화 때문이라고 한다. 얼음이나 아이스크림처럼 단단하고 일정한 모양이 있는 것을 고체라고 한다. 물처럼 흐르는 성질이 있고 담아 놓은 그릇에 따라 모양이 바뀌는 것은 액체, 수증기나 공기처럼 눈에 보이지 않고 자유롭게 움직일 수 있는 것은 기체다. 고체, 액체, 기체를 물질의 세 가지 상태라고 한다.

상태 변화를 일으키는 원인은 열과 압력이다. 일상생활에서는 주로 열에 의해 상태 변화가 일어난다. 물질에 열을 가해 온도를 높이면 보통 고체→액체→기체로 상태가 변하며, 반대로 열을 잃게 하여 온도를 낮추면 기체→액체→고체로 상태가 변한다.

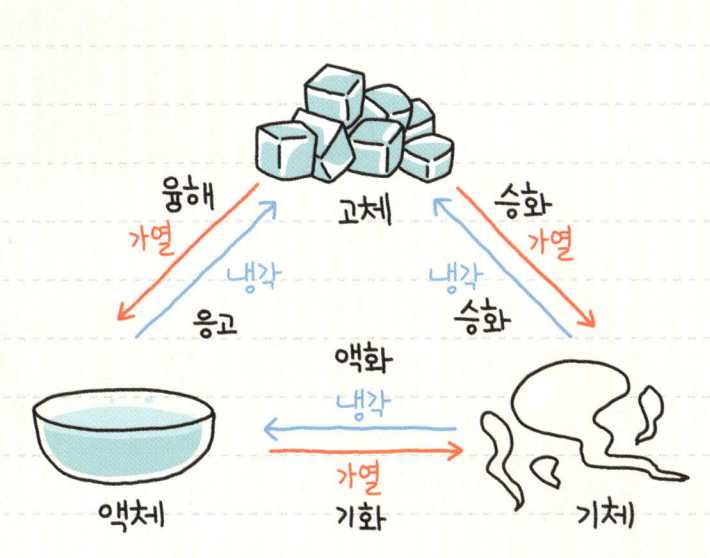

 고체에서 액체가 되는 과정을 융해, 액체에서 고체가 되는 과정을 응고, 액체에서 기체가 되는 과정을 기화, 기체에서 액체가 되는 과정을 액화, 기체에서 고체 또는 고체에서 기체가 되는 과정을 승화라고 한다.

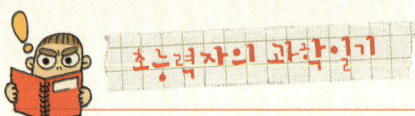

냉장고 없이
시원한 음료수를 마시는 방법은?

무더운 여름날, 시원한 음료수를 마시고 싶은데 음료수가 미지근하다면? 이건 내가 알아낸 방법인데, 수건 한 장만 있으면 냉장고가 필요 없다는 사실!

음료수를 빨리 차갑게 하려면 얼음 속에 넣어 두는 거다. 얼음이 녹으면서 음료수의 열을 빼앗는다. 이 열을 '융해열'이라고 한다. 그런데 이때 얼음을 통에 담고 음료수를 넣은 다음에 신 나게 돌리는 것이다. 그러면 얼음이 더 빨리 녹기 때문에 음료수가 더 빨리 시원해진다.

하지만 난 이 정도 방법으로 만족하지 못한다. 얼음에 소금을 뿌리고

음료수를 넣으면 음료수는 더 시원해진다. 얼음만 있을 때보다 온도가 더 내려가기 때문이다.

그런데 만약 냉장고도 없고, 얼음도 없고, 소금도 없다면?

이럴 때에는 수건 한 장만 있으면 된다. 수건을 물에 적셔서 음료수를 감싼다. 그리고 선풍기 앞에 놓아둔다. 그러면 수건의 물이 증발하면서 음료수의 열을 빼앗는다. 이 열을 '기화열'이라고 한다.

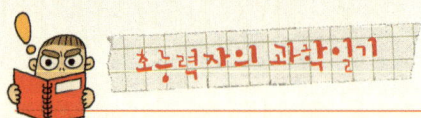

물은 왜 고체일 때 부피가 더 커질까?

상태 변화가 일어나도 물질의 성질과 질량은 변하지 않는다. 물질의 상태가 변해도 물질의 분자는 변하지 않기 때문이다. 조금 더 자세히 알아보자. 물질의 특성을 가진 가장 작은 입자가 분자라는 것은 알고 있을 거다. 물질의 상태가 변하는 동안에 분자가 만들어지거나 없어지지 않고 분자 사이의 거리나 분자가 모여 있는 모습만 달라지므로 물질이 가지고 있는 고유한 성질은 그대로 유지된다.

상태 변화	예시
융해	• 설탕을 불에 녹여서 원하는 모양의 틀에 붓는다. • 얼었던 강물이 봄이 되면 녹는다.
응고	• 쇳물을 식히면 붉은 쇳덩이가 된다. • 고깃국을 냉장고에 넣어 두면 고깃국의 기름이 굳어서 하얀 덩어리가 된다.
기화	• 젖은 빨래를 햇볕에 말린다. • 국을 계속 끓이면 국물의 양이 줄고 맛이 짜게 변한다.
액화	• 차가운 음료를 담은 컵 표면에 물방울이 맺힌다. • 목욕탕 천장에 물방울이 맺힌다.
승화 (고체→기체)	• 옷장이나 화장실에 놓아 둔 나프탈렌의 크기가 점점 작아진다. • 냉동실에 넣어 둔 얼음이 오랜 시간이 지나면서 크기가 조금씩 작아진다.
승화 (기체→고체)	• 드라이아이스를 컵에 넣어 두면 컵 바깥쪽에 얼음이 만들어진다. • 냉동실 벽면에 성에가 생긴다.

하지만 부피는 좀 다르다. 상태 변화가 일어날 때 분자 사이의 거리와 모여 있는 모습이 달라지기 때문에 물질이 차지하는 공간은 달라진다. 일반적으로 고체일 때 부피가 제일 작다. 고체에서 액체로 상태가 변하면 부피가 어느 정도 늘어나고, 액체에서 기체로 상태 변화할 때는 부피가 아주 많이 늘어난다.

물이 상태 변화할 때는 다른 물질과 달리 특이한 점이 있다. 물이 액체에서 기체로 변하거나, 기체에서 액체로 변할 때는 다른 물질들과 마찬가지로 부피가 늘어나고 줄어든다. 하지만 액체 상태의 물을 얼리면 다른 물질과는 달리 부피가 오히려 증가한다. 이것은 물 분자들이 응고하면서 육각형 구조로 늘어서면서 분자 안에 빈 공간이 생기기 때문이다.

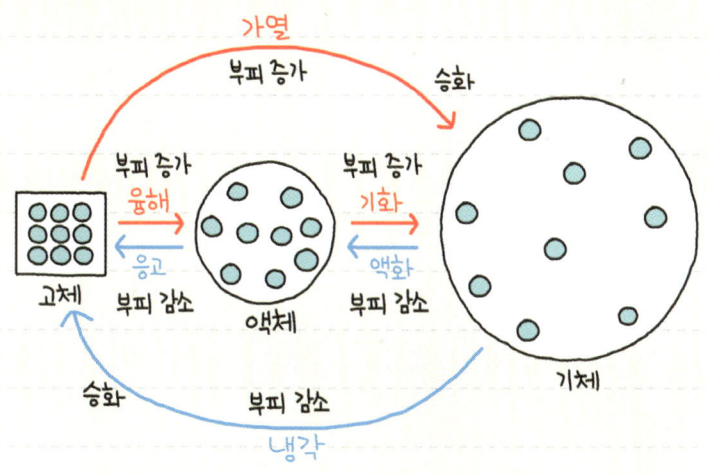

열세 번째 사건

은행 강도로 변한 빨간 내복

우리 가족은 오랜만에 텔레비전 앞에 모여 앉았다. 은행 강도 사건에 대한 뉴스가 계속 나왔다. 사건을 해결한 오금순 형사 아저씨가 나타났다.

"앗, 저 사람은 아빠의 첫 손님!"

아빠가 오금순 형사를 알아보고 기뻐했다.

"역시 훌륭한 형사는 맛있는 음식을 알아본다니까."

아빠는 자랑스러워했지만, 엄마와 누나는 아빠를 쳐다보지도 않았다.

 오금순 아저씨는 펑펑 터지는 플래시 세례를 받으면서 기자들 앞에서 사건 설명을 했다.
 "에, 이번 사건을 해결할 수 있었던 것은 어느 영리한 소년과 얼굴 없는 영웅 빨간 내복 덕분이었습니다."
 내 이야기였다. 나는 귀가 번쩍 뜨였다.
 "어떤 소년인가요?"
 "빨간 내복은 누구죠?"
 기자들이 물었지만, 형사 아저씨는 입을 꾹 다물었다.
 아저씨의 발표가 끝나자 인터넷은 빨간 내복과 소년에 대한 추측 글로 들끓었다. 빨간 내복을 보았다는 사람들의 증언이 쏟아졌다. 나는 인터넷을 뒤적이며 빨간 내복에 대한 글과 댓글들을 읽어 보았다. 모두 빨간 내복에 대한 칭찬밖에 없었다.

 학교에서도 마찬가지였다. 아이들은 스마트폰으로 빨간 내복을 찾아보느라 정신이 없었다.
 마트에서는 빨간 내복 특별 세일전을 했고, 레스토랑과 극장에서는 빨간 내복을 입고 오는 손님에게 특별 할인해 주는 이벤트를 실시했다. 아이돌 가수 그룹이 빨간 내복을 입고 나와 춤을 췄고, 어느 대기업 회장은 빨간 내복이 누구인지 아는 사람에게 10억 원 상금을 내걸었다. 우리나라 전체가 빨간 내복의 인기로 들끓었다.
 "캬! 사람들이 내가 빨간 내복이란 걸 알면 어떤 얘길 할까?"
 나는 인터넷으로 뉴스를 찾아보며 크크크 하고 웃음을 터트렸다.

그때 전화벨 소리가 들렸다.

"여보세요?"

전화를 건 것은 오금순 형사 아저씨였다. 아저씨는 은행 강도를 붙잡은 공으로 대통령상을 받게 되었다며 내게 시상식장에 와 달라고 했다.

"저는 빨간 내복이 아닌걸요."

"그래도 이게 다 네 덕분이잖니."

"유식아, 어서 와!"

나와 가족들은 형사 아저씨를 축하하기 위해 시상식장으로 갔다.

시상식장에는 온갖 유명 인사들이 와 있었다.

"끼약! 꺅!"

누나가 비명을 질러댔다. 무슨 큰 사건이 벌어진 줄 알았다.

"저길 봐! 마리우스다! 저 뽀얀 피부 봐!"

누나가 평소에 사랑한다고 노래를 부르던 연예인이었다. 형사 아저씨를 축하하기 위해 모여든 시민도 수백 명은 됐다.

"꼭 영화 시상식장 같군요."

"이런 자랑스러운 자리에 초대받게 되다니."

엄마랑 아빠가 싱글벙글하며 말했다. 나는 시상식장을 두리번거렸다. 내가 정체만 밝히면 이 자리는 나를 위한 곳으로 바뀔 텐데라는 생각이 들었다.

사회자가 형사 아저씨의 이름을 불렀다.

"지금 오금순 형사님께서 시상대를 향해 오고 있습니다. 여러분, 모두 힘차게 박수를 부탁드립니다."

사회자의 말이 흘러나왔다. 바로 그때였다. 카메라맨이 손으로 엑스 표시를 하더니, 카메라 화면을 다른 곳으로 돌렸다. 그러자 에프디가 급히 다가가 사회자에게 귓속말로 무언가를 소곤거렸다. 사회자는 심

각해진 표정으로 "흠!" 하고 망설였다.

"무슨 일이에요?"

형사 아저씨가 물었다.

"수상 소감을 발표하기 전에 긴급 뉴스 속보를 알려야 할 것 같군요. 안타까운 일이 아닐 수 없습니다. 방금 유리 감옥에 갇혀 있던 은행 강도가 탈옥을 했다는 소식이……."

'뭐?'

나는 눈이 휘둥그레졌다.

"이 일을 어떡하면 좋을까요."

형사 아저씨가 쩔쩔맸다. 그러자 사람들이 웅성거리며 빨간 내복을 외쳤다.

"빨간 내복을 다시 불러요!"

"맞아, 빨간 내복만 있으면 그깟 도둑놈은 문제없을 거야!"

"도와줘요, 빨간 내복!"

시상식장에 모인 사람들이 한목소리로 나를 불렀다. 나는 사람들 앞에 나서서 걱정 말라고 외치고 싶었지만 꾹 참았다. 영웅의 정체를 밝힐 수는 없다고 생각했기 때문이었다. 우리는 시상식장을 가로질러 바깥으로 빠져나와 집으로 향했다.

"그 도둑놈이 다시 못된 짓을 할까요?"

"아마 그러겠지."

"세상이 점점 흉흉해지고 있어요. 무서워서 살 수가 있나."

집에 들어오면서 엄마랑 아빠가 심각하게 얘기를 주고받았다. 누나가 불쑥 끼어들었다.

"상관없어, 내 사랑 빨간 내복님이 무찔러 줄 테니까."

"빨간 내복이 왜 누나 사랑이야?"

나는 퉁명스럽게 쏘아붙였다.

"내 맘이다!"

"빨간 내복은 누나 싫어할 거야."

"네가 어떻게 알아?"

"그냥 알아."

나는 차마 '내가 빨간 내복이니까.'라는 말은 못하고 입을 꾹 다물었다.

"시끄러워. 넌 참견 말고 가서 창문이나 닫아. 바람이 들어오니까 춥잖아."

누나가 나를 확 밀치며 소리쳤다.

"이런 여자를 누가 좋아하겠어!"

"당장 창문이나 닫으래도!"

현관문을 들어서면서 누나가 꽥 소리쳤다. 나는 씩씩거리며 창문으로 걸어갔다. 순간 이상한 생각이 들었다.

"엄마, 우리가 나갈 때만 하더라도 창문이 닫혀 있었잖아."

"저절로 열렸나 보지."

"창문이 저절로 열린다고?"

나는 창문 쪽으로 성큼 다가섰다. 그때였다. 갑자기 정전이 되더니, 번쩍하는 불빛이 번뜩였다.

"으흐흐!"

소름끼치도록 기분 나쁜 웃음소리와 함께 어둠 속에서 이상한 형체가 나타났다. 나는 으악 하고 소리를 내질렀다.

"도, 도둑이야! 아니, 유령인가?"

아빠가 신발장에 놓인 야구 방망이를 찾아 더듬거렸다. 엄마는 바로 앞에 놓인 꽃병을 집어들어 내던지려 했고, 누나는 소파에 놓인 쿠션을 집어들었다.

"잡아!"

엄마가 소리쳤다. 동시에 모두가 손에 든 물건을 내던지려고 할 때였다. 또 한 번 번쩍하고 빛이 나더니 모든 게 멈추어 버렸다.

"엄, 엄마! 아빠! 누나, 지금 뭐 하는 거야!"

엄마와 아빠는 물건을 내던지려는 듯 우스꽝스러운 자세로 멈추어 선 채 꼼짝도 하지 않았다. 누나는 쿠션을 얼굴에 파묻은

채 멈추어 있었다. 나는 놀라서 시계를 바라보았다. 시곗바늘조차도 멈춘 상태였다. 시간이 정지되어 버린 것이다.

"이게 어떻게 된 일이지?"

내가 두리번거릴 때였다.

"놀랐냐?"

누군가 어둠 속에서 걸어 나왔다.

나는 눈을 부릅떴다.

"나를 잘도 잡아 넣었겠다. 하지만 내가 언제까지 갇혀 있을 거라고 생각했어? 날 만만하게 봤다간 큰코다칠 줄 알아. 아, 재미있는 걸 하나 알려 주지. 난 시간까지도 멈출 수 있는 초능력자야. 나는 3분 29초 동안 세상을 정지시킬 수 있지."

"어째서 난 정지하지 않은 거야?"

내가 떨리는 목소리로 물었다.

"그러게 말이야. 너도 나처럼 초능력을 쓸 수 있기 때문인 것 같군. 이래서야 널 괴롭힐 수가 없잖아. 하는 수 없지, 그 방법을 쓰는 수밖에."

은행 강도는 혼잣말을 중얼거리더니 어디론가 사라져 버렸다. 나는 뒤쫓아 갈 엄두가 나지 않았다. 이상하게도 몸이 춥고, 떨리고, 어지러운 것이 손끝 하나도 꼼짝할 수가 없었다.

그렇게 3분 29초가 지나자 번쩍하고 불빛이 번뜩이더니 시곗바늘이 째깍 움직이기 시작했다. 멈추었던 아빠와 엄마, 누나의 몸도 움직이는 듯했다.

"다들 괜찮아?"

나는 모두를 향해 물었다. 그런데 이게 웬일인가! 아빠가 나를 향해 야구 방망이를 휘두르는 것이었다. 엄마는 꽃병을 집어던졌고, 누나는 쿠션을 내던졌다.

"왜 이래!"

내가 소리 지르자, 엄마가 수화기를 집어 들었다.

"여보세요, 여기 은행 강도가 나타났어요!"

"이놈, 꼼짝 마라!"

아빠가 나를 향해 방망이를 휘두르려고 하는 찰나였다. 나는 현기증을 느끼고 픽 쓰러져 버렸다.

눈을 떴을 때는 사방이 유리로 된 감옥 안이었다. 나는 주위를 두리번거리다가 가느다란 목소리로 물었다.
"여기가 어디예요, 은행 강도는 어디 있어요?"
"여긴 감옥이고 강도는 잘 붙잡았지."
어디선가 익숙한 목소리가 들려왔다. 오금순 형사 아저씨의 목소리였다.
"아저씨!"
"다시는 지난번 같은 실수는 하지 않겠다. 네가 빠져나가지 못하도록 삼엄하게 감시하겠어."
형사 아저씨는 전혀 이해가 가지 않는 말을 툭 쏘아붙이더니 뒤도 돌아보지 않고 나가 버렸다.
"다들 왜 이러는 거야? 으…… 이봐요, 나 좀 꺼내 주세요! 난 빨간 내복이란 말이에요!"
나는 유리벽을 힘껏 밀며 소리쳤다. 하지만 아무도 내게 대꾸를 하지 않았다. 나는 그렇게 유리 감옥에 갇힌 채로 우두커니 앉아 있어야만 했다. 어느새 밤이 되었다. 바깥이 깜깜해지자 유리에 내 모습이 비쳤다. 유리 감옥 안의 빛이 유리에 부딪혀 거울 역할을 한 것이다.
"빨간 내복이 이게 무슨 꼴이…… 마, 맙소사!"
나는 눈이 휘둥그레졌다.
유리에 비친 내 모습은 내가 아니라, 중절모를 쓰고 달아났던 그 강도였던 것이다. 대체 내게 무슨 일이 생긴 걸까! 나는 눈을 부릅뜨고서 "으악!" 하고 비명을 내질렀다. 그러나 바깥에 선 경찰 가운데 누구도 나를 돌아보지 않았다. 모두 내가 강도라고 믿는 듯했다.